CW00720033

Álvaro Cunqueiro
El año del cometa
con la batalla de los cuatro reyes

Álvaro Cunqueiro

El año del cometa con la batalla de los cuatro reyes

Ediciones Destino
Colección
Destinolibro
Volumen 302

© Herederos de Álvaro Cunqueiro
© Ediciones Destino, S. A.
Consell de Cent, 425. 08009 Barcelona
Primera edición: mayo 1974
Primera edición en Destinolibro: enero 1990
ISBN: 84-233-1833-8
Depósito legal: B. 45.469-1989
Impreso por Limpergraf, S. A.
Carrer del Riu, 17. Ripollet del Vallès (Barcelona)
Impreso en España - Printed in Spain

Viéronle ellos a lo lejos, antes de que se acercase, y trataron de matarlo; y decíanse unos a otros:

—Aquí viene el soñador; ea, pues, matémosle y echémoslo en un pozo abandonado, y digamos que lo devoró una alimaña. Se verá entonces de qué le sirvieron sus sueños.

(Génesis, 37, xviii-xx)

Prólogos

El autor había escrito un prólogo para esta novela. Después, escribió otro. Como no ha logrado saber cuál de los dos es el más apropiado, publica ambos.

I

Esta historia debía comenzar como las viejas crónicas, con el relato de la creación del mundo. Pero comienza con la muerte de un hombre.

—Un extranjero, seguramente.

—Esos pantalones rojos se llevan en Levante —dijo el cabo, que fue quien disparó primero.

—También en el teatro —comentó el guardia más joven, que alisaba su barba redonda.

Se había sentado al pie de la higuera, sobre una de las anchas raíces, y se apoyaba en el tronco.

—Fue hace dos veranos. Salía de detrás de una cortina uno que pasaba por ciego, pero no lo era, y se ponía a gritar en verso si no habría en la ciudad una moza que lo guiase por los caminos. Era muy alto, y tentaba el aire hasta dar con unas flores que había encima de una mesa, a las que tomaba por testigos indiferentes de su desgracia. Dijo que se clavaba espinas de aquellas rosas, y pidió a unos santos antiguos, que nombró por orden, que las yemas de los dedos se le volvieran ojos. Las gentes lloraban, y una pupila de la Calabresa, aquella larga, flaca, de los ojos azules, que se hacía llamar la Joya, se levantó, ofreciéndose. El hombre dejó de hacerse el ciego, y le dijo a la Joya que se sentase, y que siempre había en provincias una sentimental que le jodía la apoteosis. Sin embargo, se compadeció al ver a la muchacha de pie en el palco, con los brazos abiertos, y le tiró una rosa antes de seguir el llanto. Pues aquel actor gastaba pantalones rojos, con una cinta negra por debajo de las rodillas.

—Pero éste no lleva cinta roja.

—Porque no es el del teatro.

El hombre cayera muerto un poco más allá de la higuera, cuando se disponía a saltar una paredilla baja, sobre el río. El cabo le acertó en una pierna, pero el guardia conocido por el Veterano le dio en el pecho, cuando el fugitivo se volvió hacia los que le daban el alto. Se inclinó, cruzó los brazos sobre el pecho, cayó de rodillas, intentó levantarse y de nuevo volvió a caer, pero esta vez dando un grito y abriendo los brazos. Quedó tendido a lo largo de la pared, la cara sobre el montón de tierra fresca de la boca de una topera, una boca abierta por el topo aquella misma tarde. El sol poniente hacía brillar los espejitos de mica de las piedras de la paredilla. El cabo, ayudándose con la culata del fusil y con el pie derecho, puso el cadáver panza arriba. Un extranjero, seguramente. Cuando lo registrasen, encontrarían un papel con su nombre en los grandes bolsillos de la blusa azul, o en los del pantalón. Pero eso era cosa del juez.

—Al día siguiente, como el que hacía de ciego le tirara una flor a la Joya, que era una puta muy conocida, máxime que andaba siempre por la alameda con sombrero con plumas, la aristocracia no fue al teatro.

Encontrarían un nombre que sería difícil de leer, y mucho más de recordar. Los extranjeros, cuando pasaban a nuestro país, debían usar un nombre cristiano, de dos sílabas. Bien considerado, debía haber un esperanto de los nombres propios. Dos moscas verdes se posaban en el pecho del extranjero, avanzando hasta la sangre que brotara de la herida, y ya cuajara. Otra mosca, pero ésta más grande, azul oscuro, paseaba por el rostro del muerto, se detenía en los delgados labios, volaba sobre los ojos sin osar posarse en ellos. Los ojos estaban extrañamente abiertos. El muerto estaba recién afeitado, y al

12

cabo le sorprendía que no sonriese. No sabía el porqué, pero le sorprendía. Sí, en aquel rostro faltaba la sonrisa, todo él estaba hecho para sonreír, la boca entreabierta, las finas arrugas que se abrían en abanico desde los ojos a las sienes. El cabo sonrió por ver si obligaba al muerto a sonreír. El muerto estaba indiferente a todo. Llegaban más moscas. Había seis verdes por dos azules.

—La flor era de trapo, y la Joya quiso depositarla en una iglesia, y no la puso en la cabecera de la cama, como le pedían las compañeras.

De su edad, treinta y cinco años, más o menos. De altura, un metro ochenta. Peso, setenta y cinco kilos. Algo le relucía en la boca: un diente de oro. El muerto podía quedar toda la noche al abrigo de la pared. La patrulla iría por la orilla del río hasta el puente. Llegarían a la ciudad a la hora de la cena, y a la mañana siguiente volverían con el juez sustituto, el médico forense, el comisario de forasteros y los camilleros voluntarios. Los tiros fueron legales, porque el extranjero se escondía detrás de la higuera, y salió corriendo hacia la paredilla Iba a saltarla apoyando la mano derecha en aquella piedra verde. Había que precisar bien todos los detalles: salió de detrás de la higuera y se disponía a saltar la paredilla. La piedra verde era la mayor de todas las de aquella parte de la pared. La mano del muerto podía haber dejado una huella, la huella entera de una mano de hombre en la piedra verde. Debíamos poder leer en aquella palma retratada en la piedra, seguir la raya de la vida en ella. No había más remedio que disparar, porque si saltaba la pared se metía en la junquera, se arrastraba hacia el río, lo pasaba en el recodo que ocultan los sauces, corría hacia los tres mojones de la frontera. Los disparos fueron legales: «Los extranjeros no pueden viajar si no es por el camino real. En determinados casos, que se fijan en los artículos 33 y 34 del Reglamento, puede exigírseles que lleven en un palo de vara y media de alto una bandera blanca, cuadrada de treinta por treinta centímetros». Estaba muy bien, al abrigo de la pared. Las moscas no le hacían nada. Ahora eran unas sesenta o setenta, unas verdes, otras azules, otras con el vientre alargado, a rayas amarillas y negras. Dos o tres de éstas se posaron en los ojos del muerto, y parecían encontrar allí un llano pegadizo, del que intentaban huir. Si el muerto cerrase ahora mismo los ojos, las cazaba.

—Decía la Joya que ella se ofreciera al ciego por súbito amor, encantada por la poesía, y que el ciego, pasado el relámpago del cabreo, así lo entendiera, y por eso le tirara la flor. ¡No la iba a poner en la cabecera de la cama en que fornicaba con los transeúntes!

Si hubiese una lona a mano, no estaría mal el cubrirlo. Terminaba septiembre, y ya helaba por las noches. La helada ayudaría a la buena conservación del muerto. Si el muerto fuese fumador, el cabo y el Veterano podrían echar un cigarro, pero no se atrevían a cachear al desconocido porque estaba el guardia rubio presente.

—Además, que hay mucha gente bruta, y borrachos, y llega un tipo y arranca la flor, y se la pone en las partes. ¡Los más que van de putas no saben el gusto que se le saca a la delicadeza con las mujeres!

Lo apropiado era que un guardia quedase de vela junto al muerto. El Veterano le leyó el pensamiento al cabo.

—Si paso la noche al raso, mañana me doblo por los cuadriles.

—Podíamos dejar clavado un palo, y en la punta la bandera de señas.

—Podíamos darle dos reales al Grajo, y que durmiese

junto al palo toda la noche. Los dos reales se sisan de la cebada.

El Grajo estaba recostado contra el tronco de la higuera de encima del camino, y de vez en cuando echaba mano a un higo miguelino, pequeño y rojizo, todavía verde. Cuando escuchó que lo nombraban, se limpió la baba en la manga mendada del chaquetón, le dio una vuelta a la gorra parda sobre la enmarañada cabellera, sonrió y volvió a babarse. Alargaba una mano hacia el cabo, sin osar acercarse; la mano derecha, una mano pequeña, negra, arrugada, mientras con la izquierda atraía hacia sí una rama de la higuera, con las grandes hojas verdes, y se tapaba con ella el pecho. Era enano, pero con largos brazos, y cuando abría la boca mostraba una hermosa dentadura, unos dientes pequeños, alineados, de una insólita blancura. Lo pariera no se sabe cuál mujer en el monte, treinta o cuarenta años haría, y lo recogieron unos pastores que lo escucharon llorar. Creció perdido entre el rebaño, y lo esquilaban en abril, como a las ovejas. En cierta ocasión lo rodeó un aura de milagrería. Enfermó, que le salieron por todo el cuerpo unos bultos negros, llenos de acuosa podredumbre, blanca y amarilla. El Grajo estaba tumbado en la hierba, desnudo, delirando balidos con la fiebre. Los perros de los pastores abandonaron a sus amos, y fueron hacerle compañía al enfermo. Estaban los siete perros de los siete rebaños de la Marca, haciendo rueda al Grajo, ladrando por turno. Y se corrió por el país, y llegó la novedad a la ciudad, que los perros iban a una fuente vecina, que nacía en el lindero del brazal —una fuente de pocas aguas, que no llegaban a hacer regato, y que la bebía el pastizal—, y volvían con un buche de agua en la boca, y lo vertían sobre el Grajo y sus bultos. El Grajo, con aquel saludo de agua, curó. Lo llevaron a la ciudad, y aprovecharon

15

para bautizarlo, y le pusieron Juan. Las señoras de la Caridad Suprema lo lavaron y vistieron, y le buscaron el oficio de ir dos veces a la semana al monte, en un asno negro, bragado, a buscar dos garrafones del agua aquella, que sería salutífera. El protomedicato sostuvo que el agua era como todas, pero un físico disidente dio una academia en la que probó que todo el mérito era debido a la estancia del agua en la boca de los perros, no excluyendo que éstos conociesen una hierba secreta, y la hubieran comido, como hacen cuando deciden purgarse. Un predicador dijo que nada de hierbas, sino inocencia y santidad curaran a el Grajo, quien en la ocasión estaba sentado al pie del púlpito, vestido de marinero. El Grajo comía caliente por vez primera en su vida. Juntó unas propinas. Pasadas unas semanas, dejaron de mandarlo a buscar agua. Gastó lo ahorrado en vino, y anduvo por las calles de la ciudad, solo en la noche, ladrando, balando, silbando. Apareció tirado en el suelo, bajo los soportales de la plaza. De aquella borrachera salió medio preso del lado izquierdo, babeante. Se volvió al monte, a acompañar los rebaños, a sestear a mediodía con los perros, a dormir en la noche con las estrellas.

—¡Dos reales, y no te mueves en toda la noche de junto al palo! ¡El palo es del rey!

El Grajo abría los ojos y la boca, acercaba la mano. Llegaran más moscas al rostro del muerto, a la sangre que saliera de las heridas, a las blancas manos. Con la anochecida, ya no se distinguían las verdes de las azules. El Grajo miraba y remiraba la moneda de dos reales. La metió en la boca, la ensalivó bien, la escupió en el cuenco de las manos. Allá quedaba sentado junto al palo, en el que el Veterano atara la banderola de señales, roja. La patrulla montó y bajó por el atajo buscando el vado.

El Grajo, antes de dormirse, quiso esconder la moneda de dos reales. La hacía saltar en la mano, la olía, la chupaba. Procuró una piedra para esconderla debajo, pero ninguna le pareció segura. Se quedó dormido con la moneda en la boca, y soñó que la tragaba, y le llenaba el cuerpo de sabor a vino. Estaba bien segura en su estómago, en su vientre, en una plaza, en el medio y medio de una plaza que tenía dentro, con soportales, y mucho público mirando para la moneda. El Grajo soñaba que estaba jugando a tragar y devolver la moneda, y en uno de esos movimientos que hay a veces en los sueños, la tragó de verdad.

—¡Paulos!

Lo llamaba por tercera vez. María sostenía con las dos manos la taza de loza decorada con flores verdes, llena de leche acabada de ordeñar. Paulos le había dicho que si alguna vez tardaba en responder a sus llamadas, era porque le gustaba estar viendo cómo la voz alegre y amorosa de María subía por las escaleras, brincando de escalón en escalón, se detenía delante de la puerta entreabierta, y entraba hasta el sillón en el que Paulos descansaba. Decía que sentía una brisa fresca en la frente y en los ojos. Ella le preguntaba:

—¿De qué color es? ¿De qué tela? ¿Qué forma tiene?

—Dorada, de seda, la forma alargada, como si a una palabra se le añadiese su eco, al cuerpo la sombra, cuando sale el sol.

Otras veces Paulos se escondía y no lo encontraba en la casa. María sabía que estaba allí, a su lado, pero no alcanzaba a saber dónde. Dejaba la taza encima de la mesa, separando libros y papeles, mapas, lápices. Paulos le había dicho más de una vez que no lo buscase, que andaría vagabundo por los países otros, más allá de los montes, más acá de los mares. Volvía diciendo que tal ciudad olía a naranja, otra a niños de teta, otra era verde. Había países con grandes crímenes, y otros en los que se escuchaba música en todas las solanas. En algunas ciudades, todo lo que Paulos viera fue una mujer asomada a una ventana, o en un jardín, echándole piñones a las palomas. En otros países hablara con grandes héroes, con misteriosos buscadores de tesoros, con oscuros fugitivos, inclinados por el peso de los grandes secretos que escondían en su corazón. Asistiera a muertes a traición y a alegres bodas. Regresaba con la voz ronca, o con fiebre, y le mostraba a María raros anillos, pañuelos bordados, mariposas azules.

—¡Paulos!

Las puertas se cerraban en lo alto de las escaleras, y María percibía que ahora su voz regresaba, agarrándose al pasamanos para no caer, porque no estaba él para recogerla, para envolverla como anillos de dorado cabello en los largos y delgados dedos. ¡Nunca tan lejos estuviera! Las puertas se cerraban solas. Se quebró el cristal de una. La luz parpadeó, lució un instante intensamente, y se apagó. María dejó la taza de leche recién ordeñada en el tercer escalón, y se fue, sin osar subir al piso, diciéndose consuelos, explicándose la ausencia de Paulos con palabras de éste, con palabras de sus sueños, de los sueños de sus viajes y de sus asuntos imaginarios. Con la noche, el viento bajara a la ciudad. Frío. María encendió una vela y se sentó en el suelo, ante ella. Desaparecieran todas las casas vecinas, las de la plaza y las de la calle de los Tejedores, y las que daban a la huerta del Deán y a la plazuela del Degollado. Un oscuro bosque avanzaba ramas de sus grandes árboles hasta la ventana. La mirada desconsolada de María las hacía retroceder, y se abría entonces un gran claro, con un estanque en el centro, en el que se posaba lentamente la redonda luna. Pasaban los leones, y el agua del estanque reflejaba sus miradas rojizas. María escuchó la lechuza, y ladridos de perro, lejanos. Pasaron tres hombres de a caballo, y en el silencio que siguió al golpe de los cascos en el empedrado de la calle, se escuchó una música que se despedía, una música que daba adioses haciendo entrechocar vasos de plata.

—De todos los países se regresa.

—¿De todos?

—De todos, y también de aquel del que las gentes dicen que nunca volvió nadie.

Era la voz de Paulos, que se acercaba mezclada con el aroma de los membrillos que estaban puestos a secar en un tablero, junto a la ventana. Pero Paulos no estaba. Los caminos todos del mundo eran como hilos de los que María podía tirar, para hacer nudos, para hacer ovillos. Entre todos los hilos, uno, caliente como los labios de un niño, sería el que trajese a Paulos desde sus lejanías. A Paulos, atadas las manos con un hilo, sonriendo, llamándole María.

—Me perdí, María, en el laberinto, en uno que hay a mano izquierda yendo para Siria, viajando por el mar. Gracias a que me até el camino a la cintura, y lo llevé conmigo por todas aquellas vueltas y revueltas, y en las tinieblas, y que ahora a ti se te ocurrió tirar de él. Si no llegas a tirar, tardaría más de mil años, o más, en el viaje de regreso. Dentro del laberinto hay una ciudad, y en el medio y medio de la ciudad, un pozo de tres varas de hondo, en el que canta una sirena. Le dices al agua que la cubre que se vaya, echas una moneda de oro, y el agua se va. La sirena queda en seco. Te llama por tu nombre, que lo adivina, y te pide un regalo. Yo le tiré una manzana. Me dijo en la lengua de allí, en la que esperar se dice amar, y viceversa, que esperase a las doce

19

de la noche. En esto, llegó un moro con una carretilla y se llevó los huesos de los otros enamorados, muertos allí, antes de que yo hubiese llegado. Entonces fue cuando tú comenzastes a tirar, y el camino en mi cintura era como tu brazo derecho ciñéndome, como cuando se me ocurre enseñarte a bailar las danzas corteses de Gaula. Respiré cuando vi que entre los huesos de los enamorados muertos no iban los míos.

—¿Los reconocerías?

No hay nadie, creo, que pueda reconocer sus huesos. María se durmió recostada en el aroma de los membrillos, en la voz de Paulos, que casi eran la misma cosa.

Desde el tercer escalón, dos ratones llegaban con los hocicos a la leche, apoyando las patas delanteras en el borde de la taza. Sorbían, levantaban la cabeza, se relamían, volvían a pasar las afiladas lenguas por la flor de la leche. Las puertas se seguían cerrando unas tras otras, la puerta mil y cuatro después de la puerta mil y tres, antes de la puerta mil y cinco. Las arañas acudían solícitas con sus largas y bien tejidas telas, y las colgaban en las esquinas de las puertas definitivamente cerradas. Moscas azules y moscas verdes, moscas de alargado vientre a rayas negras y amarillas, aguardaban en el aire a que las telas estuviesen tendidas. Desaparecían los bosques, y las casas volvían a los dos lados de las calles, a cerrar las plazas. Un bosque dejara unas prematuras hojas secas, que iban, con el viento, de aquí para acullá. De vez en cuando, la luz del faro iluminaba las piedras de lo alto de la torre, ennegrecidas por el humo de las chimeneas vecinas.

—Pero, ¿y los calzones rojos del parte? —preguntaba el comisario.

El muerto mostraba las piernas desnudas, blanquísimas. La cara la tenía tapada con hojas de higuera.

20

—Los pantalones rojos pueden ser absolutamente necesarios para establecer la identidad del difunto.

El cabo le explicaba al juez sustituto cómo salió de detrás de la higuera el desconocido, y le mostraba la piedra verde de la paredilla en la que apoyaba la mano derecha, disponiéndose a saltar.

El Veterano encontrara al Grajo escondido en el tojal. Lo descubrió por los pantalones rojos, que los vistiera. Lo sorprendió haciendo de cuerpo, por ver si le salía del vientre la moneda de dos reales.

—Bastaba con el primer tiro, el que le quebró la pierna izquierda. Vivo, hubiese pagado las costas. Ahora, aunque nos quedemos con el diente de oro, ¿a qué llega?

—No lleva consigo ningún papel.

El comisario abría los brazos.

—¡Indocumentado! ¡Pagaría una multa! Una vez levantamos el cadáver de otro indocumentado en la antigua frontera, y llevaba tatuado en el pecho un cartel que decía: «Si me pierdo que me busquen». Resultó que era un tratante en quesos, que subía todos los años a ferias, y lo degollara un marido celoso. Era un moreno gordo, con una mancha de vino en la mejilla izquierda.

—Para los amores, esa mancha ni quitaba ni ponía, que las mujeres son poéticas, y ven lo que quieren.

Eso apostilló el guardia rubio.

—Lo de los calzones rojos queda probado. Que se quede el Grajo con ellos, que los llenó de mierda.

Rio el juez sustituto, y por obligación rieron todos. El juez sustituto subía hasta el lugar desde donde disparó el Veterano, y hacía que apuntaba hacia la piedra verde. Los camilleros bajaban el cadáver hacia el camino real. Se escuchaban mirlos. El juez sustituto, antes de abandonar el lugar del suceso, echaba el último vistazo. Se rascaba la cabeza el comisario de forasteros, preguntándose:

—¿Qué busca un hombre que sale de casa con unos pantalones rojos?

El Grajo corría con ellos en la mano, monte arriba, hasta donde pacen de otoño los rebaños. Se detenía de vez en cuando, y saludaba, mostrándolos.

—Únicamente —se respondió el comisario a sí mismo—, que viniese de un país donde los pantalones rojos están de moda.

Seguía pensando.

—O fuese a él, y así pasaría por natural.

Las moscas se fueron, excepto alguna que buscaba gotas de dulce sudor en los higos miguelinos. Con el calor del mediodía, tendrían algo más que chupar que ahora, a prima mañana. En el valle todavía no había levantado la niebla, que no dejaba ver los castañares de las colinas y el praderío.

Cuando el cadáver llevado por los camilleros entró en la ciudad, las casas se apartaron, arremolinándose como hojas secas que las llevase el viento. Las calles anchearon, mezclándose, perdiéndose unas en otras, abriéndose como plazas. Los camilleros voluntarios posaron en el medio y medio de una que no habían visto nunca, enlosada de mármol, que por unas escaleras permitía bajar al mar. Por los cuatro lados. Sí, era una isla. Se hizo de noche, y la luz del faro lamió las aguas. Del velero anclado en la bahía llegaba un hombre, caminando sobre las olas. Era muy alto, y se envolvía con una capa negra. Sus ojos tenían una extraña luz. Hacia donde miraba, se veía un pequeño círculo dorado, que iba a donde querían los ojos, iluminando las cosas que deseaba ver.

—¡Indocumentado! —le explicó el comisario de forasteros, que hablaba desde un balcón que se separara de una casa que viajaba hacia el mar.

El hombre de la capa negra tiró de la sábana que cubría el cadáver. Descansaba su cabeza en una almohada cubierta de seda roja, apoyando la mejilla izquierda en la palma de la mano. Con la mano derecha sostenía un libro cerrado, en el que un puñal, la cruceta adornada con piedras preciosas, marcaba el lugar en que iba leyendo cuando durmió. O murió. Vestía de blanco y verde. Permitían contemplarlo los faroles de la plaza, que se desprendían de sus esquinas, y venían a revolotear como pájaros sobre él. Llevaba largo el pelo negro, muy bien cortada la perrera provenzal sobre la redonda y pálida frente. ¿Respiraba? Se diría que respiraba pausado y tranquilo.

—¡Cuando le disparamos llevaba puestos unos calzones rojos! —argumentó el cabo, no se supo desde dónde.

El hombre de la capa negra, como jugando magia, estiró de nuevo la sábana sobre el cadáver, y volvió a levantarla. Otro hombre estaba en la camilla. Rubio de pelo, soleado de rostro, vestido de azul y de oro, la mano derecha llevando un clavel a las narices, oliéndolo antes de adormecer. O de morir. El hombre de la capa negra se volvió para el público.

—¡Haría esto cien veces y cien aparecía ahí un hombre diferente!

El comisario preguntaba desde su balcón volador:

—¿Hay explicación científica?

—Hay una explicación poética, que es de grado superior. Supongamos, señoras, señores, que este hombre pasó por los sueños de una mujer, y él mismo soñando. Una mujer que no sabe que este hombre está muerto, se pregunta por dónde andará. Lo que veis, son las respuestas que la enamorada se da a sus preguntas y el hombre a sus sueños.

—¡Igual, en una de éstas, sale vivo! —dijo el guardia rubio, que levantaba a la Joya, sosteniéndola por la cintura, para que pudiese ver las distintas figuras.

El hombre de la capa negra tiró de la sábana por última vez, y un esqueleto amarillo yacía allí.

María, moviendo un pañuelo, apartaba del esqueleto mariposas doradas que salían de las cuencas vacías de la calavera.

—¡Paulos!

—Si pudiese reunir, en un repente, todos los sueños suyos, este hombre resucitaría. Quizás éste sea el gran secreto de la vida futura y eterna.

El hombre de la capa negra dijo, y se fue hacia las escaleras que llevaban al mar. Todo volvía a su lugar en la ciudad, como si alguien estuviese corriendo los decorados de una escena, en el teatro. La gente iba y venía por las calles a sus asuntos. Comenzaba a llover. Llovía sobre el muerto desconocido que en un patio, en la camilla, esperaba, todavía con los ojos abiertos, a que llegase el forense para hacerle la autopsia.

El hombre del sombrero verde se había sentado en el banco, junto a la puerta, y había pedido un porrón de vino. Probó, bebiendo de largo, y lo encontró frío. Puso el porrón entre los pies, donde daba el sol de la tarde. Se recostó en el ancho y viejo banco de roble, cerró los ojos, y apoyando las manos en las rodillas, adormiló un poco. Debía estar ensoñando algo sabroso, que sonreía. Toqueó dos veces seguidas, y el vuelco hacia atrás de la cabeza lo despertó. Miró a la tabernera, que había salido a la puerta, y echó otro trago. La tabernera se fijaba ahora en el sombrero verde, un sombrero puntiagudo, con ala doblada, bordada con hilo de oro en la orilla. Un imperdible de plata sujetaba unas pequeñas plumas azules y rojas, puestas en abanico en la parte derecha del sombrero. La tabernera se dirigió al forastero.

—Ha de perdonarme, señoría. El sombrero, ¿es de cazador o es de moda?

Antes de responder, el forastero, que bebía muy bien del porrón, le dio fin al vino. Había levantado el porrón a dos cuartas de la boca, dejando el chorro golpear, y lo había ido bajando poco a poco, buscando que se le inundase la boca antes de tragar, y para el hilillo final había vuelto a levantarlo. El porrón era de barro, oscuro, pero alrededor del pito y de la culata tenía pintadas unas onduladas líneas blancas, y en la panza, una T. Sobre una de las barricas había otros porrones, todos del mismo barro, con el mismo dibujo, con la misma letra T. En alguna de las barricas también lucía, blanca, la susodicha T. Si le daba el sol al porrón, se reconocían en el barro, quizá negruzco de la excesiva cochura, unas manchas verdes. En algún lugar, en algún porrón, las manchas eran de un verde vivo, como de hierba fresca, o mapa coloreado de un país redondo. Podía ser Sicilia, o Provenza. En el porrón más cercano de los que estaban sobre la barrica, el mapa del país verde dejaba ver un ancho golfo, abierto en un mar levemente rojizo. El forastero se dijo que sería un golfo al oeste, y estaría poniéndose el sol en el océano. Un golfo en Irlanda, por ejemplo.

—Le preguntaba si el sombrero es de cazador o de moda.

El forastero se quitó el sombrero y se lo ofreció a la tabernera, que lo admirase. Estaba forrado de seda blanca, y en la badana tenía por marca de fábrica una luna nueva en azul.

—Es de moda en algunas ciudades.

—¿En la nuestra también?

La tabernera era una mujer pequeña y gruesa, pecosa, con un moño estrecho, levantado perpendicular al occipital, en el que lucía dos pequeñas peinetas blancas. Tenía un mirar inquieto, quizá nacido del oficio, de atender a la clientela, al número de porrones en juego o de vasos, a la rápida cobranza; mirar que contrastaba con aquella cara redonda, los labios gruesos, la doble papada, la sonrisa adormilada.

—En la nuestra también, pero solamente lo usamos un hijo de banquero y servidor.

—¿Hay que pedir permiso?

Le devolvía el sombrero, y estaba atenta a cómo se lo ponía, ladeado.

—No. El que no haya más que dos sombreros verdes en la ciudad pende en que vienen de muy lejos, y son caros. En el país donde los hacen, solamente hay tres maestros sombrereros que tienen el arte de la punta de-

26

lantera, que es por donde, cuando voy por la calle, lo levanto para saludar. Los que entendemos de sombreros, sabemos que ahí está oculto uno como juego de bisagra.

La tabernera atendía, estupefacta, a la doctrina.

—Un juego de bisagra hecho, naturalmente, de aire, de un espacio hueco que dobla suavemente.

Se había levantado el bebedor que estaba sentado en una banqueta, al fondo de la taberna, cabe la puerta del horno. Vestía una levita vieja, rozada y lustrosa, y se había desabrochado el cuello de la camisa. En una mano traía el porrón y en la otra un plastrón azul con flores rojas. Había estado bebiendo y dormitando toda la tarde en aquel rincón, buscado porque el horno todavía daba del calor que le quedara de la hornada matinal. Posó en el banco el porrón y el plastrón, y respetuosamente solicitó admirar el sombrero verde. Flaco, ojos claros, la acaballada nariz rojiza, algo metido de hombros, alargaba una mano pilosa. Eructó, se llevó la mano a la boca, y volvió a tenderla, en demanda del sombrero. Cuando lo tuvo en la mano, hizo que saludaba con él.

—Sí, algo juega dentro en el saludo. ¿Cómo lo logra el sombrerero?

—Por geometría.

—¡Ah!

La tabernera empujó suavemente al hombre de la levita, quien recogió el porrón y el plastrón y se volvió a su nido. La tabernera se quitó el delantal, lo tiró en una cesta, y se sentó en el banco al lado del forastero.

—Puede decirse que por el precio, y por cómo hay que saber lucirlo, que se puede asegurar que es un sombrero de la nobleza.

—Sin duda.

—¿Atrae las miradas?

El forastero tenía el sombrero en las rodillas, y abría un poco más el abanico de las plumas en el ala.

—Precisamente —respondió—, el que yo haya venido de paseo hasta aquí hoy, es por usar unas horas un sombrero de tanto precio, sin llamar la atención de las gentes, sin que me sigan por calles y plazas, y si entro en la confitería y me siento junto al ventanal a tomar un helado de fresa, se agolpen curiosos por verme tan extrañamente ensombrerado. Hay damas en la ciudad que mandan espías por ver si salgo con el sombrero verde, y entonces ellas salen también a la calle, haciéndose las encontradizas, para que yo salude. Saludo solamente a las muy principales con el movimiento que hace trabajar el juego de bisagra, en parte por respeto a la gravedad de las clases, y en parte por el temor de que con el uso se gaste o quiebre. A las otras, saludo tocando con la mano el ala, y a alguna solamente llevando el índice de la derecha a la punta. Esto ha hecho nacer entre las señoras de la aristocracia grandes celos y polémicas, y me llegan recomendaciones de que salude con la máxima salva de respeto a dama Fulana, que teme un aborto, o a damita Zutana, que ha venido a verla un pretendiente veneciano. En estos casos soy servicial, pero en general me suelo atener a la antigüedad y nobleza de las familias. Alguna señora, y de buen ver, se me ha ofrecido, con cama deshecha, por tres saludos en días alternos en la plaza mayor, a hora de música.

La tabernera cruzó los brazos sobre el rotundo vientre. Sonrió, soñadora.

—Por aquí venía un coronel montado, que quería que yo le atase una servilleta blanca al cuello, cuando pedía de beber. Otros clientes me pidieron lo mismo, pero el coronel dijo que si les daba igual trato, no volvía a poner los pies en esta casa. En los días fríos, me pedía que me apoyase de pechos sobre su espalda. Era un hombre muy fino, perfumado con lima. Se sentaba siempre en el mismo sitio, y con la estrella de la espuela rayaba en la misma parte de un azulejo. Hasta que lo rompió, pero me trajo de regalo uno que representa a dos perdices dándose el pico, y exigió que lo pusiese en lugar del roto. ¡Lo cubro con un paño para que no me lo gasten con los zuecos!

La tabernera miraba a hurtadillas al forastero.

—¿A qué interés prestaría el sombrero por una tarde? No es para usar aquí, sino en la ribera, más allá de la Selva, en una aldea de doce casas y un palacio. Le ponemos un forro interino, para que no se lo sude.

—¿Quién?

—Un hijo, que casa allá.

—Este sombrero, si se usa en bodas, hay que ponerle unas campanillitas de plata por atrás.

La tabernera ya estaba tanto en la ilusión de ver al hijo con el sombrero verde en la boda como en el trato.

—¿A cuánto más sube con las campanillas?

—También habrá que enseñarle a ponerlo y quitarlo, a saludar, a darle a la cabeza el temblor que hace sonar las campanillas.

—¿Subirá a cien reales?

—¿Para cuándo es la boda?

—Para Pascua Florida.

—Faltan seis meses. ¡A lo mejor la moda ya es de sombreros amarillos, redondos, con toquilla!

—Entonces, me hace una rebaja sobre lo tratado.

—O le regalo el sombrero.

—¿Cuándo ha de pasar a buscarlo? ¿Dónde lo encontrará?

La tabernera ya veía el sombrero como suyo. No se atrevía a decirle al forastero que no lo usase mucho, no fuera a estar, cuando llegara la ocasión de llevarlo el hijo, descolorido el verde, o deformado, o perdido el juego aquel de bisagra, secreto. ¿A cuenta de quién correrían las campanillas de plata?

—Me encontrará en los soportales de la plaza, la víspera de domingo de Ramos, rizando una palma, a eso de media tarde. Tendré a mi lado una caja, en la que estará guardado el sombrero, con un letrero que diga «Frágil».

—¿Y cuándo le pregunten a mi hijo de dónde le vino el sombrero?

El forastero sonreía jugando con el porrón vacío.

—¿Cómo es?

—Es alto y rubio, baila muy alegre y canta de barítono. De vez en cuando se va al mar, a pescar, con un tío suyo. ¡Le aburre la taberna! Entonces, cuando regresa, veo que a su rubiez le va muy bien el soleado del rostro. Les gusta a las mujeres.

—¿Podría aprender una prosa?

—¿Un papel como en el teatro? ¡Salió de Herodes en el auto de los Inocentes! Se ponía la corona, daba la orden de la degollina, y después se quedaba pensativo, sentado en el trono. Luego, pedía un vaso de vino y echaba una carcajada. La gente no aplaudió porque le daba miedo aquel rey tan absoluto.

El forastero posó el porrón en el banco, y a su lado el sombrero verde. Se levantó y se apoyó contra la puerta, dejándose envolver por los dorados rayos del sol poniente.

—Puede decir que, yendo por el mar, les amaneció una isla a estribor, y desde una pequeña playa blanca, un hombre les hizo señas. En una mano un pañuelo blanco, en la otra el sombrero verde. El hombre era un caballero enamorado que estaba haciendo penitencia en aquella soledad marina. ¿Oíste alguna vez hablar de don Gaiferos? Pues ése era. La barca se acercó lo que permitía la marea, que no era mucho, que bajaba, y se veía la mar romper en unos bajos. Don Gaiferos hizo bocina con las manos y preguntó si podían llevar un recado a la princesa de París.

—...¡París! —dijo el hombre de levita que bebía en el rincón, junto al horno.

Había sacado papel y lápiz, y se había puesto a escribir la prosa que dictaba el forastero.

—Sí, de París. Los de la barca dijeron que no, que era muy lejos, pero tu hijo dijo que sí.

—¿Y qué recado era?

—Entregar un pañuelo bordado y decir: «Señora, aquel que ama, vive y volverá». Y como pago del servicio que iba a hacerle tu hijo, por dos gaviotas le mandó el sombrero a la barca. Lo sujetaban con los picos y lo pusieron en sus manos. Dentro, estaba doblado el pañuelo bordado. Lo bordado era un lirio de oro.

—...oro —repitió, como eco, el copista—. ¡Punto y aparte!

La tabernera miraba preocupada para el forastero.

—¿Tendrá que ir mi hijo a París?

—Sin duda alguna. Dos o tres semanas después de la boda. Yo vendré a decirle los pasos más fáciles de los ríos, y cómo entrar en París por una puerta almenada, y cruzando un jardín, llegar a donde está la princesa haciéndole un abrigo de felpa a un mirlo viejo, que ya olvidó las músicas y mezcla las canciones que supo en la juventud. La princesa también es una anciana, pero como sus amores son de ópera, aparece moza. Tu hijo es el pedido para el encargo, ya que dices que canta de barítono. Llega y canta el recado, y mejor que le añada por dos veces un refrán en italiano, verbigracia:

> *Vive e ritornerà!*
> *Ritornerà, signora!*

Y ella, entonces, recoge el pañuelo, se levanta, avanza hacia el público de París, que ha acudido porque se corrió la noticia de que llegara un mozo con un sombrero verde, y canta su parte, que se titula: «al di là del mare». Mientras ella canta, tu hijo se retira en silencio.

—¿Y vuelve a casa?

—Eso, cuando uno va por el mundo llevando tales recados, nunca se sabe.

—Es mucho precio por el sombrero verde...

—Sí, mucho.

El forastero abrió los brazos, confesando su impotencia ante los grandes secretos del mundo.

—¡Mucho! —repitió.

Y echó a andar rápido por el camino real. Avanzaba contra el sol rojizo, que se ponía tras los oteros plantados de viñas. Daban las palomas el vuelo vespertino, tras beber, antes de entrar en el palomar a dormir. Se mezclaban los silencios del cielo y de la tierra. En el banco, a la entrada de la taberna, al lado del porrón, estaba el sombrero verde. El bebedor del rincón, le leía la prosa dictada por el forastero a la tabernera. Ésta se enjugó una lágrima. El bebedor, que también sabía de ópera, le puso una mano en el moño a la tabernera, y solemne, exclamó:

—«¡La forza del destino!»

Junto al león del puente, el desconocido tenía de las manos a una muchacha.

32

—¿Y el sombrero verde? —le preguntaba ella.

—Bajando del monte, me encontré en los rastrojos, en las eras del llano, una liebre que iba a parir. No me huyó. Estaba echada, con las orejas gachas y los ojos entreabiertos. Le pregunté si le dolía, y me dijo que echaba de menos una cama verde y fresca. Le dije que probase si le servía mi sombrero, lo posó a su lado, se entró en él, y dándome las gracias me pidió que la dejara, que era costumbre entre liebres el parir en soledad, como las emperatrices de Grecia, antiguas.

Los amantes se abrazaron. Algo les gritó un barquero que pasaba con su barca bajo el puente. Pero ellos se abrazaban y besaban, y estaban solos en el mundo.

La ciudad y los viajes

I

La ciudad fue fundada en una colina, que por la parte sur descendía suavemente hacia el río, mientras que por el norte y el oeste habían cortado su expansión rápidos desniveles peñascosos. Al este, una estrecha llanura la unía a otra colina que los de la ciudad llaman simplemente el Monte, porque es más alta que aquella en la que se asienta su ciudad. El Monte es un robledal, y a los llanos les llamaron las Huertas, que lo son. Aquí y allá se ven casas de labradores, construidas con la piedra oscura del país y techadas con pizarra. Todas las calles que llevan al río, se juntan en la puerta del Puente. Aunque ya no se cierra nunca, se conservan las dos grandes hojas de la puerta, de roble, forradas con planchas de cobre, pintadas de verde, erizadas de clavos puntiagudos, pintados de negro. El puente, decían los cronistas titulados, había sido construido por los romanos, destruido por los suevos, reconstruido por el Diablo y volado por los franceses. La ciudad lo reconstruyó a sus expensas y puso en él un león de mármol, que levantaba graciosamente la cola, y una lápida en latín. Los eruditos discutían la fecha de fundación de la ciudad, y qué había sido primero, si el puente o la ciudad. Había un tercer partido, el que sostenía que primero había sido la fuente, es decir, el culto a las aguas de la gran fuente que brota en la falda de la colina, y alrededor de la cual, pacientes investigaciones habían descubierto restos prerromanos y romanos. La fuente da todo el año la misma cantidad de agua, y a la misma temperatura, un agua delgada con un leve sabor, un algo que otras aguas no tienen, que no es propio de las aguas, y cuya definición ha agotado la imaginación de los poetas. El agua, la fuente, habría atraído a los primeros pobladores. Se habían encontrado en las excavaciones realizadas por los arqueólogos en las inmediaciones de la fuente, varios exvotos de barro o de bronce, que eran cabezas a las que ceñía una banda que les cubría los ojos. Algunos arqueólogos sostuvieron que, lo más probable, era que la fuente fuese considerada medicinal para las enfermedades de los ojos, pero otros, en cambio, sostenían que la fuente había sido un espacio sacro en el que se realizaban misterios: las cabezas, casi infantiles, de barro o de bronce, serían exvotos de los que acudían, revelando su ignorancia, antes de la iniciación en los ritos reveladores, con la banda que les cubría los ojos. En la patética de los partidos políticos tuvo una gran importancia la interpretación de estos temas, que apasionaban a las gentes. Los reaccionarios, generalmente, defendían la fuente como origen de la ciudad, mientras los progresistas sostenían que la ciudad nació de una feria junto al puente, construido por los romanos por necesidades militares. La condición castrense del puente no dejó de crear ciertas dificultades a los jefes de las milicias, quienes diciendo siempre en sus arengas que descendían de los valerosos namasinos que siguieron a César y estrenaron el puente con su largo y pesado paso cuasi legionario, se veían obligados a reconocer, a causa de su tradicional vinculación con los reaccionarios, a la fuente como origen de la ciudad. Naturalmente, surgieron pronto los irenistas, que lo conciliaron todo. Fue éste el partido de los comerciantes, pero en las barberías continuó hasta nuestros días la polémica tradicional. Dos o tres apariciones en la fuente, no fueron aceptadas por las autoridades eclesiásticas. Una de ellas fue la de san Juan a un soltero rico, don Julián, de los que llamaban del Vizconde. Le entró sed al pasar cabe la fuente, sacó su vasito de plata, plegable, y bebió. Y no bien terminó de beber, se le apareció el Bautista, desnudo, cubriéndose los riñones con una piel de cordero, y con una jarra en la mano.

—¡Acércate! —le dijo, con una voz muy triste y dulce.

No le dijo precisamente «¡acércate!», que lo dijo en otra lengua, pero don Julián lo entendió. Y se acercó, quitándose la boina, que la llevaba muy encasquetada porque era muy dado a los catarros de relente. Eran las once de la noche, y don Julián regresaba a su casa después de echar una partida de tute en el Casino. Se acercó, y el Bautista vertió sobre su cabeza el agua de la jarra.

—¡Adiós! —dijo el Bautista.

—¡Buenas noches tenga usted! —respondió don Julián.

Un canónigo defendió la veracidad de los hechos basándose en su simplicidad. Le objetaban con el argumento de necesidad, famoso en las escuelas. Don Julián salía sin boina a pasear en las noches de helada, probando que había sido definitivamente curado de catarros de relente por el agua que la aparición le vertiera por la cabeza. Un historiador probó que no podía haber sido el Bautista, porque en sus días en Palestina no eran conocidas las jarras. Entonces, alguien sugirió que podría tratarse del antiguo genio de aquellas aguas, quien echaría mano del recipiente que tuviese más a mano. El dueño de una taberna, la de la esquina de la plaza, llamado el Pelado, aseguró que a él, misteriosamente, le había desaparecido una jarra cuya asa figuraba una serpiente, y que la echó de menos la misma noche del prodigio. El señor obispo prohibió que se utilizase la palabra «bautismo» al hablar del asunto, que don Julián ya había sido bautizado al nacer, y que la aparición, si la hubo, no dijo las palabras rituales. El Pelado aseguraba que fue aquella misma noche la de la fuga de la jarra, porque, confidencialmente, tenía la visita de una viuda, y para comenzar el doñeo con la prójima, había preparado un discurso que lo soltaría cuando le sirviese moscatel en la jarra del asa serpentina, sacando argumentos de la tentación de Adán por Eva, y por ellos deslizándose hasta la cama, que la tenía en la trastienda, calentita con dos canecos que fueran de ginebra holandesa. Don Julián decía que no se había fijado bien si fue jarra o vaso, o concha venérea, de donde cayó el agua sobre su cabeza. Al poco tiempo, una pulmonía acabó con él. Dejó toda su fortuna para ampliación de la fuente, con un pilón con una guirnalda de rosas y jarras con asa en forma de serpiente. En las jarras de ambos extremos de la guirnalda, el escultor labró a don Julián arrodillado. Como sobró dinero, la ciudad acordó gastarlo en dotes para doncellas pobres, con lo cual, durante cierto tiempo, se consiguió que descendiese el número de hijos ilegítimos en la ciudad.

La ciudad celebra cada quince de marzo el paso por el puente de Julio César, en marcha contra las tribus de los laquerones monocéfalos, para distinguirlos de otras tribus ulteriores que eran bicéfalas. Los historiadores explicaban que habiendo tenido los laquerones lacustres un antepasado bicéfalo, inventor de la red y de la hoz —con lo cual se explicaba la unión de las tribus pescadoras con las agrícolas—, lo imitaban los adultos llevando, en la guerra y en las ceremonias, al lado de la natural, otra cabeza de madera de abedul, pintarrajeada con grandes dientes hostiles. Se aceptaba que César se había detenido en el puente, justamente en el tercer arco, donde ahora se alzaba el león, y había esperado a que le trajesen agua de la fuente para su sed. Era una mañana lluviosa y fría. Dos generales de César tenían ante él desplegado el mapa del país de los laquerones monocéfalos, desde las montañas Nivosas hasta el Océano. César ejercitaba su poderosa mirada en el mapa, y el Océano se retiraba, dejando una larga y estrecha franja de rojiza arena que permitía alcanzar el país de los laquerones bicéfalos lacustres sin necesidad de atravesar la selva ni cruzar las montañas. César bebió, paladeó el agua, volvió a beber, y sonrió.

—¡Sabe a recuerdo! —exclamó.

Cesó de llover, se fueron las nubes, salió el sol, cantaron mirlos en los chopos, y mismo bajo el puente saltó un salmón. ¡Felices augurios! Julio César, en su caballo Primaleón, cruzado de celta y de griego, pío, colicorto y meano, reemprendió la marcha.

El seis de diciembre es otra fiesta, la conmemoración del paso de san Goar Alpino. El pobre monje descendió de las Nivosas y al llegar al puente se detuvo, no osando pasar, porque nunca había visto nada semejante. Las gentes bajaron desde la ciudad a la entrada del puente para ver a aquel hombrecillo, flaco, los ojos llenos de luz, vestido de pieles, arrodillado, las manos apoyadas en un báculo de madera. Sobre su cabeza temblaba una luz dorada. El obispo de la ciudad, también con su báculo, algo cohibido porque sobre su mitra no se balanceaba ninguna luz, acudió a saludar a aquel insólito peregrino. Éste dijo su nombre, Goar Alpino, de oficio encargado por Dios en las montañas Nivosas de guiar a los caminantes despistados, y explicó que nunca había visto obra parecida, y que oraba antes de aventurarse en ella, no fuese demoníaca.

—Lo fue —dijo el obispo—, pero ya no lo es, que yo

mismo rocié cada piedra con agua bendita, y en nueve
de ellas hice la señal de la cruz.

El obispo le explicó a Goar lo que era un puente, y
cómo se construía. Viendo que Goar no le entendía
muy bien el habla vulgar, se lo enunció en latín:

—«Pons, pontis...»

Goar sonrió y continuó la declinación:

—«...Ponte, pontem.»

Y sin que nadie le diese la mano pasó el puente con
paso ligero, sonriendo a las gentes, tocando con el báculo la cabeza de los niños. En la fiesta de san Goar, se
representa este suceso. «¡Pons, pontis!», dicen unos.
«¡Ponte, pontem!», responden otros. Y se golpean
amistosos, y ríen.

En la Alta Edad Media, por un nipote carolingio joro-
bado, el cual llegó a dominar las provincias que van
desde el Océano hasta los ostrogodos, la ciudad fue dada
como dote a una infanta llamada Berita, la cual odiaba
a un hermano que le destripaba las muñecas cordobesas,
y amaba a otro, que sólo viera una vez, y que la había
besado en la boca, casualmente, con la prisa de despedirse para ir a la guerra. El hermano odiado puso cerco
a la ciudad, por destriparle a Berita unas muñecas nuevas que sabía que había recibido hacía poco, y eran
muñecas que andaban y sabían sentarse. Berita, ofreciendo su virginidad, logró que un caballero del séquito de
su odiado hermano le diese muerte a traición, con lo
cual salvó sus muñecas, y vio cómo la provincia del
odiado, que quedaba así sin rey, pasaba al hermano
amado. Para recibir en su cama al traidor, puso como
condición que se bañase durante siete días seguidos en
la fuente. Los paseantes se retiraban, se cerraban puertas y ventanas, y el traidor avanzaba desnudo hasta el
pilón romano, donde se metía hasta el cuello, frotán-

42

dose con hierbas de olor. Como era enero, y aunque por su ardor venéreo el traidor no notaba que el agua, después de salir de los caños a suave temperatura, en el pilón helaba, al quinto baño quedó tieso de la cintura para abajo, y casi impotente, tanto que no lo admitían en las mancebías, por el mucho tiempo que exigía de friegas variadas el ponerlo en servicio. Con lo cual Berita salvó su virginidad, que la ofreció perfumada a la memoria del amado hermano, al que nunca volvió a ver. Bajo Berita gobernaron la ciudad los flautistas provenzales que le quitaban la melancolía. Durante algunos años, por carnaval, se echaba un muñeco siete veces en el pilón romano, figurando los baños del traidor, y las solteras hacían un corro. Pero los defensores de la fuente como origen de la ciudad, sosteniendo el carácter casi sacro de ella, lograron que se acabara aquella fiesta. Hasta el siglo XVIII, no se volvió a escuchar la flauta en la ciudad, por el mal recuerdo que había dejado el gobierno de los flautistas de Berita.

Las calles salen todas de la plaza de la fuente, y son estrechas, y a ambos lados hay antiguas casas con huertos, que dejan ver por encima de las paredes encaladas las camelias. En los desmontes sobre las murallas, se alzan cipreses. El camposanto está detrás de la Catedral, en el vago que queda entre ésta y los acantilados del norte. También hay en él cipreses y dos pequeñas fuentes. En una pequeña plazuela que llaman de la Plata, está la casa de Paulos, de dos pisos, con grandes balcones, y una enorme chimenea rectangular, coronada por ocho canes de piedra, que avanza sobre la fachada. Durante muchos años estuvo deshabitada, hasta que llegó a la ciudad Paulos y la compró a la criada vieja de Fetuccine, que no osaba vivir en ella, y lo hacía en una cabaña que había en un rincón de la huerta, y en la que guardaban sachos, hoces, podadoras, la máquina de sulfatar y dos escaleras de mano. Guidobaldo Fetuccine fue un prestidigitador y mago italiano que decidió retirarse a la ciudad, atraído por la fama de las aguas de su fuente. El signor Guidobaldo era un hombre muy elegante, jugando siempre bastón de bola de cristal con la mano derecha. Pequeño, breve de cintura, fácil en reverencias, saludaba a todos pero no llegó a amistar con nadie. Alguna vez subía hasta la plaza, acompañado de un criado negro que tenía, y cuando se formaba un corro a su alrededor, que Fetuccine golpeaba avisando con la contera de hierro de su bastón en el enlosado, primero saludaba quitándose la chistera de doble hebilla, tocaba con la bola de cristal de su bastón la cabeza de su criado, soplaba, y de la boca del negro salían volando dos palomas blancas. Tendía el bastón, y las palomas se posaban en él. Las cogía con la mano izquierda, y las metía en el bolsillo. Saludaba, y se iba, seguido del negro. Cuando murió Fetuccine, encontraron al negro tendido en una mesa, con la espalda levantada, que era muñeco de resorte. Fetuccine muerto era por lo menos dos cuartas más largo que Fetuccine vivo. Lo encontraron desnudo en el baño, y toda la ropa que tenía, aquellas levitas de corte francés, burdeos, siena, verdemar, le quedaba corta. Lo envolvieron en una sábana. Las palomas estaban empeñadas en meterse con él en el ataúd, y hubo que encerrarlas en una jaula. Se negaron a comer y beber, y pocos días después de la muerte de su amo murieron. Cuando llevaban el ataúd con el cadáver de Fetuccine, se escucharon truenos en la casa, y la chimenea humeó dos horas seguidas, un humo rojizo y espeso, aunque no había fuego en el hogar. Gente invisible subía y bajaba las escaleras, mientras el comisario de forasteros hacía el inventario. Fetuccine le dejaba la casa a la criada, una lyonesa que contratara para el planchado y que terminó haciendo todo servicio. También le dejaba a la criada, que se llamaba Felisa, el perro «Tristán». El perro tenía su mérito: se sentaba al pie de un manzano que plantara Fetuccine y que no daba más que una manzana, la cual llegaba a perfecta madurez el día veintiuno de septiembre. El perro se sentaba ante el manzano, y esperaba a que la manzana cayese. La cogía en el aire con la boca, y se la llevaba a Fetuccine, el cual la comía goloso. Invitaba al público a que fuese a la huerta suya a contemplar la función. La gente tenía que esperar a veces una hora larga, pero la cosa merecía la pena. Fetuccine comía toda la manzana, y mostraba al público el carozo.

—«¡Giovinezza, primavera di bellezza!» —canturreaba.

Se frotaba las mejillas con el carozo, y se le borraban al instante las profundas arrugas que surcaban su rostro aniñado, y que le habían ido naciendo desde el septiembre anterior. El perro siguió haciendo su trabajo cuando lo heredó Felisa, y se corrió por la ciudad que ésta solamente comía un poco de la manzana, lo que bastaba a explicar su longevidad, y que el resto de la fruta de la juventud la vendía, la mitad secretamente a una rica señora, y la otra a una pupila de la Calabresa que llamaban la Joya, que estaba retirada por el Gremio de Pasteleros y no daba envejecido. «Tristán» cogía la manzana en el aire aunque ya estaba ciego, a causa de cataratas secas.

A poco de comprar la casa Paulos, quien no tuvo temor alguno en habitarla, murieron a la misma hora Felisa y «Tristán». Aquel año la manzana no se logró, que pudrió en el árbol mismo, comiéndole la color rosa y lozana una mancha oscura. Paulos, en lugar de la manzana podrida, colgó en la rama una naranja, que comenzaba a colorear.

«¡Hay que ayudar a la vida a continuar», se dijo.

Paulos venía de la gente más antigua de la ciudad, y tenía en ella parientes. A Paulos, en las tardes de verano, cuando se ponía el sol, le gustaba sentarse en la muralla que llaman de la Batería. A sus espaldas está la ciudad, con las torres de sus iglesias, con los tejados de pizarra de las casas, muchos de ellos jardines de piripol y de valeriana, y los pequeños huertos entre las casas; con el rumor que le llegaba de la parla de la gente que refrescaba en la plaza, o sentada a puerta de casa en las calles, y ruidos de talleres, de un carpintero vecino que serraba o clavaba, del herrero que golpeaba sobre el yunque una herradura. El caballo relinchaba. Y frente a él, estaba el campo, en primer término la larga lanza del río que describía una curva antes de pasar bajo el puente, y más allá los maizales y patatales, y ya subiendo por la falda de las colinas vecinas, los viñedos, y más allá los bosques, castañares, robledas, y más arriba, los hayedos, y ya después los desnudos altos montes, coronadas las agujas con la nieve perpetua. Y entornando los ojos imaginaba países del otro lado, mares, islas, y caminos que dirían, en el inmenso silencio de la hora serotina, con su boca de polvo, a dónde llevaban.

II

Paulos había quedado muy niño huérfano de madre. Sólo recordaba una mirada y una sonrisa dulces que venían hacia él desde la puerta de la habitación, y que estaban allí, meciéndose en el aire, hasta que por fin se dormía.

De su padre, que murió un par de años después, no recordaba nada.

—Pero —le preguntaba su tutor Fagildo—, ¿no recuerdas nada? ¿Un hombre de bigote negro, con una escopeta de dos cañones silbándole al pointer «Mistral»? ¿Para dónde estabas mirando?

Al perro lo recordaba, porque quedó en la casa y lo acompañó a la ermita de su tutor, Fagildo, que era primo de su padre. ¿Para dónde estaría mirando? Si dijese que para las estrellas, mentiría; pero la verdad era que cuando tenía dos y tres años se bajaba de la cama, se subía a la silla que estaba junto a la ventana, y allí estaba una hora o dos contemplando las estrellas. Claro que nunca las había visto tan bien como en las noches de verano, sentado con Fagildo a la puerta de la ermita. Cada tres horas, Fagildo rezaba media, y le habían preparado en Suiza un reloj que le daba los turnos. El resto del tiempo lo pasaba durmiendo, viendo correr un regato o recogiendo hierbas medicinales. Tenía dos cabras, cuya leche bebían, y una vez a la semana bajaban a la ciudad, pero sin pasar de las casas y de la taberna que había antes de llegar al puente. Fagildo bebía dos tazas de vino, y Paulos una mediada, y aguada. El tabernero le reprochaba esto a Fagildo.

—¡Así nunca llegará a entender de vinos! ¡Desvírgalo

de una vez! Que no beba más que cuarta taza, bueno, pero que sea vino puro.

El tabernero era un hombre pequeño y gordo, con desmesurado vientre, rojizo de piel y piloso. Se ceñía con una ancha faja colorada que le llegaba a medio pecho, y cuando no estaba haciendo algo, metía bajo ella las manos. El ermitaño Fagildo le vendía las hierbas medicinales al tabernero, y éste le pagaba con pan, queso, aceitunas, miel, nueces, castañas. Fagildo tenía que añadir alguna que otra moneda. Alguna vez era el tabernero el que le daba a Fagildo varias. Las mismas que Fagildo le daría a él a la visita siguiente. Esas monedas provenían de las audiencias que el tabernero Marcos le tenía preparado a Fagildo. Eran mujeres preñadas, que se sentaban en el patio, junto al pozo. Fagildo se santiguaba, ellas también. Fagildo se ponía a escuchar en el vientre de la primera. Se incorporaba, le sonreía, le daba una palmada en una mejilla.

—Niño.

A veces acudía alguna mujer sin hijos. Fagildo le mandaba echar la lengua, le tocaba el vientre, la hacía andar, le olía los oídos.

—¡Tendrás un hijo para la vendimia que viene!

—¿Niño o niña?

—Ya te lo diré otra vez.

Una mañana estaba en el patio una campesina que tenía de la mano una niña rubia, vestida con ricas ropas. Una niña de la ciudad.

—¿Es tuya esta niña?

—No, que es de mis señores amos, que pasan agosto en una finca, ahí cerca, a la orilla del río, la que llaman del molino, que lo tiene, aunque ya no muele. Quiero saber si tendré hijos. Voy a casarme.

Era una mujer morena, con el perfil muy duro, el pelo

recogido en una trenza ancha. Delgada, tenía un hermoso pecho. Los ojos negros se fijaban en las manos de Fagildo, que las levantaba, abriendo los brazos, como para decir el oremus. La mujer apartó de sí la niña. Fagildo dio dos vueltas alrededor de ella. Le tocó la frente, le hizo beber agua, y estuvo mirándole la garganta mientras bebía.

—Siento decírtelo, pero no tendrás hijos.

La mujer se sentó en silencio en la mecedora que el tabernero comprara en una almoneda en la ciudad. Se sorprendió al ver que se balanceaba, que no se diera cuenta de que aquella silla era mecedora. La niña rubia, con las manos cruzadas sobre el vientre, se había puesto al lado de Paulos. Se miraron. Paulos sonrió, pero ella no. La niña tendría la misma edad de Paulos, ocho años más o menos. Avanzó decidida hacia Fagildo y se quedó ante él, mirándolo a los ojos. En voz baja primero, luego en voz alta, preguntó:

—¿Y yo? ¿Y yo?

Fagildo retrocedió. Paulos veía pálido, visiblemente azorado por la pregunta de la niña, a su tío y tutor Fagildo. Algo se ponía a prueba en el alma del ermitaño. ¿Sería capaz de dar una respuesta? ¿Había ya una respuesta? La niña se llevó los brazos en jarras, las manos a la cintura, como había visto hacer a la criada de su casa. Estaba allí, quieta, tranquila, esperando la respuesta del ermitaño, que no podía mentir. El ermitaño se preguntaba cómo hacer comprender a la niña su bondad y su inocencia, la inocencia de Fagildo, un pacífico rezador, que ayudaba a soñar a las gentes. A las gentes que se llevaban con ellas las palabras de Fagildo y las usaban como si fuese vida, las metían en su vivir cotidiano, las creían y hacían con ellas las mujeres en sus vientres un niño o una niña. Le había dicho a la criada que no tendría hijos, por las manos que le vio, como garras, y la mirada sin humildad ni esperanza, dura. ¡Sería de conveniencia el casorio que iba a hacer!

—Tú, tendrás todo lo que sueñes —respondió al fin, con su voz habitual de las buenas nuevas.

Con la misma voz con que anunciaba a una mujer madura que tendría un hijo en el borde mismo de la vejez.

—Todo lo que sueñes tendrás —confirmó, saliendo de su miedo, dueño del misterio, regidor secreto de una parcela del cosmos.

Llamó a Paulos, recogieron los petates del día, y se fueron sin esperar a que Marcos le cobrase a la criada. La niña les decía adiós desde debajo de la parra. Paulos volvió varias veces la cabeza, para verla, vestida de rosa, enredomada en oro.

Nadie sabía por qué Fagildo, músico y hombre rico, abandonara el mundo y había ido a sustituir a la ermita que llaman de la Garganta, porque está a la salida de un estrecho paso de negras rocas por las que corre el agua, al viejo ermitaño que allí ayunaba y bendecía con la imagen de san Dionisio a los peregrinos. Solía bajar a poner el santo en las fiestas, y un par de veces se acercó a la ciudad. Se le veían los huesos bajo la piel amarillenta, reseca. De no usarla, había perdido el habla. Cuando llegó la noticia de que había muerto el viejo ermitaño, Fagildo montó a caballo y fue hasta la Garganta, a enterrarlo. Cuando se acercaba a la ermita, escuchó la campanilla del leproso de Mirabal.

—¡No te tengo asco ni miedo, Jonás! ¿Quieres el calcetín del viejo? ¡Llévatelo, y añado otro tanto de mi bolsillo!

El leproso contaba las monedas, chinchándolas contra la bandeja que tenía a los pies la imagen de mano de san Dionisio.

—¡Diecisiete pesos! —dijo, terminando de contar.

Fagildo le tiró una bolsa de cuero.

—¡Pues ahí van veinte!

El leproso se reía, y con la risa se le rompía todavía más el labio inferior, negruzco y acuoso, y parecía que se le iban a desprender las mejillas. En el fondo de los ojos que ya apenas podía abrir, brillaban unas luces amarillas. Jonás se reía, y tocaba la campanilla. Tocaba un aire que se podría bailar, y a la campanilla le salía una voz clara, vivaz, que nada tenía que ver con el son lamentable del aviso de que ahí va leproso.

—¡Vete!

—Me voy. Pero, ¿qué prisa puede tener un leproso?

Se fue, escondiendo las monedas bajo la rota zamarra, entre la sucia camisa y la lepra, metiéndolas por las rendijas de su cuerpo. Seguía riéndose a carcajadas, intentando saltar, correr.

Fagildo enterró al ermitaño viejo, y se quedó en la Garganta, tal como estaba vestido cuando le llevaron el aviso de ermita vacante, de frac y con zapatos de charol. Comió unas moras, bebió agua del regato, asustó a una lechuza, y se echó a dormir. Era una hermosa noche de agosto. Se saludaban las ranas a la luz de la luna.

Cuando Paulos fue a reunirse con su tío en la ermita, éste contrató un carretero que subió en un carro de bueyes a la Garganta algunos muebles, una cama y un espejo, una mesa, tres sillas. Con el carretero, subió también a la Garganta un escribano real a quien Fagildo había encargado de la liquidación de sus bienes y de la herencia de Paulos.

—Todo mi dinero, Paulos, es para ti —le decía Fagildo

al niño, flacucho, asombrado de hallarse allí, en aquella soledad y con aquel hombre de tan largas barbas, que le hacía cabalgar en una de sus piernas—. Todo para ti. Serás un hombre rico, porque a mi dinero unirás el de la herencia de tus padres.

El escribano anotaba las disposiciones de Fagildo. Era un hombre pequeño, muy metido de hombros, miope, romo de nariz. Al escribir, apoyaba casi la mejilla derecha en la mano que tenía la pluma, por verse la letra inglesa. De vez en cuando descansaba un momento, respiraba hondo, y comentaba:

—¡Aire puro! ¡Un retiro sanísimo!

Fagildo insistía:

—¡Todo en papel de la Compañía de Indias!

—¡Indias! —repetía el escribano, rasgueando unas hermosas mayúsculas.

Algún día, algún pronto atardecer de invierno, cayendo copos de nieve que en un santiamén vestían de blanco la Garganta y los montes que se veían desde la ermita, sentados el ermitaño y el pupilo cabe el fuego, Fagildo comentaba:

—Nosotros aquí, disponiéndonos a pasar una semana larga de fríos y nieves, y allá en Indias sudando los que están mondando tus arrozales, y durmiendo desnudos en el puente de tus naves los que vienen de las islas del clavo y de la pimienta.

—¿Tengo yo naves? —preguntaba Paulos, que nunca había visto una.

—¡Tienes! ¡En eso eres como un rey!

Sonaba el reloj suizo dándole a Fagildo el turno de rezo, y el niño se metía en la cama, se arropaba e iba adormilando, soñando con su reino remoto.

III

Fagildo enseñó a su pupilo a leer y a escribir, y mucha geografía. Cuando salía algún país nuevo, Paulos preguntaba:

—¿Son Indias?

No, no eran Indias. Paulos, meditando, pinzaba con el gordo y el índice de la mano derecha el labio inferior.

—Podíamos tener con nuestro dinero una cosa en cada país.

—¿Por ejemplo?

—En una jaula, un pájaro raro y que cantase, o unas botas en una taberna como la de Marcos. Yo llego de viaje, me lavo los pies, y me pongo las botas nuevas, secas, que las que traía puestas las he metido en los charcos del camino. Un pájaro en Sevilla, las botas en Irlanda, en Hungría unos pantalones nuevos, y así, variado. Tú podrías escribirle a los otros ermitaños pidiéndoles ayuda.

—¡Así no saldría caro! —comentó Fagildo.

Pero el asunto no pasó a obra, y se quedó en largas conversaciones. A los doce años de Paulos, Fagildo decidió que el niño debía ir a un colegio. Paulos había crecido, y Fagildo se daba cuenta de que a veces se sentaba a la puerta de la ermita y contemplaba el camino con una mirada melancólica. Desde la taberna de Marcos le mandaron una carta a un músico de Milán, para que le buscase al joven señor —ésta fue la expresión empleada por Fagildo— una plaza en un colegio aristocrático, en el que fuese obligatorio el uso del uniforme.

—Después de estos años de vida libre a mi lado, en puridad al lado de un vagabundo, necesitas disciplina. Tan pronto estés metido dentro del uniforme, la puntualidad y las ordenanzas te serán fáciles.

Mientras no llegaba respuesta del músico de Milán, Fagildo le enseñaba italiano a Paulos. El pasado invierno le había enseñado nombres de pájaros en francés, y lo que se come en París. El ermitaño hacía que le servía a Paulos comidas en Maxim's. Todas las comidas terminaban con champaña, es decir, con un simple vaso de agua. Se levantaban, y saludaban a las señoras que pasaban.

—«Bon jour, madame de Montmorency! Au revoir, madame la duchesse de Choiseul-Praslin!»

El ermitaño y su pupilo ensayaban reverencias vienesas. Ya en la cama, Paulos buscaba en la memoria rostros que ponerles a aquellas señoras de tan hermosos apellidos. Pero los únicos rostros femeninos que lograba hallar en sus recuerdos eran los de las mujeres de las visitas semanales de Fagildo a la taberna.

—«Ah, la princesse de Caraman-Chimay!»

Era el título que más le gustaba. ¿Podría serlo aquella morenita, delgada, casada con el capador, que estaba al lado de ella, enorme, con su blusa marrón, con el estuche negro del oficio debajo del brazo izquierdo, colgándole del cuello el cuadrito con la licencia real en latín? Desde donde estaba Paulos, se leía únicamente, y esforzándose en ello, la palabra CASTRATIONES. El capador quería un hijo, y varón. Lo decía claramente, con su voz ronca, mirando para la mujer, que bajaba la cabeza, tan poquita cosa, tan callada, con un mirar tan dulce y sosegado.

—«Ah, la princesse de Caraman-Chimay!»

Al escuchar su nombre, volvía lentamente la cabeza y le

sonreía a Paulos. Éste le ofrecía, con mucha más veneración que al san Dionisio de la ermita, un ramillete de vincas y margaritas. ¡Qué hermosa era, y cuánto lo amaba! Pero no les permitía acercarse el capador, quien dirigiéndose a Fagildo, insistía:

—¿Quién capó caballos cuando pasó Julio César? ¡Un abuelo mío! ¿Quién capó todo el vacuno de los carolingios? ¡Un abuelo mío! ¿Quién fue a Parma a enseñar a capar cerdos? ¡Un abuelo mío! ¡Se le debe el mérito de los jamones de allá! ¿Quién recibió una patente de Napoleón para capar? ¡Un abuelo mío! ¿Quién le capaba las mulas al Cabildo? ¡Un abuelo mío! Cuando vino la moda de los gatos, ¿quién fue el primero en caparlos por percusión? Mi señor padre. ¿Quién es capador titulado? ¡Servidor! Pues quiero un hijo que siga en el oficio. ¡Los Bernaldinos! ¡Célebres desde Julio César! ¡Ni un fallo!

Fagildo dijo que, a donde alcanzaba su mirada, primero tendría dos niñas, y que después, Dios diría. Y sugirió que una de las niñas estudiase medicina en Montpellier.

—Ahora las mujeres estudian.

—¿Para capador? ¡Imposible!

—En Londres, hay un hospital para perros, con mujeres médicos y calefacción central.

—¿Y el chifle? ¿Va una mujer a tocar el chifle del capador?

Y del bolsillo de la blusa sacó la siringa de barro, la llevó a los labios, y tocó el aviso que daba a la ciudad, entrando por puertas, de que había llegado el capador esperado. ¡El Bernaldino! Una orgía de silbidos agudos que terminaba medio dulce, modulada y melancólica.

Y empujaba ante él a Mme. la princesse de Caraman-

Chimay, pasito menudo, la cabeza baja, el negro pelo recogido en un moño bajo sobre el fino cuello. El Bernaldino tiró un real al suelo, que recogió presuroso Marcos, y fuese, altivo.

El músico de Milán acudió personalmente a la Garganta a recoger a Paulos. Era un hombre sobre la cincuentena, el pelo engominado, raya al medio, que se afeitaba dos veces al día. Se encerró con Fagildo, y por primera vez desde que el ermitaño estaba en el oficio, no hizo caso al reloj de los rezos. Subió a hacer la cena un pastor que tenía fama de cocinar como nadie el conejo con caracoles. El milanés bebió dos botellas de vino, y canturreó las novedades musicales. De vez en cuando daba un grito, carraspeaba, hacía unos gorgoritos, elevaba el canto y con él estiraba el cuello, que parecía de goma. Cuando agotaba el aire que guardaba en los pulmones, quedaba su cabeza balanceándose en lo alto de aquel cuello alargado, que poco a poco iba resumiéndose y volviendo a su natural. En una de estas romanzas, terminada en un larguísimo, retorneado «cuore», al ponerle el punto final, con las manos empujó la cabeza, sometiendo el cuello, que se le había alargado en demasía, cuarta larga por lo menos. El milanés dijo tanto para sí como para Fagildo:

—¡Con lo feo que hace esto en el escenario!

El signor Giorgio Calamatti da Monza y el joven Paulos salieron a la mañana siguiente para Italia, tomando la posta real hasta Ventimiglia. Era el primer día del otoño. Paulos había llorado en las barbas del tutor. Sentado en la diligencia al lado del signor Calamatti, quien dormitaba suavemente roncador, Paulos se descubría a sí mismo que había pasado días muy felices en la ermita de la Garganta. El camino atravesaba viñedos. En un llano, a la izquierda, quedaba un largo huerto de naranjales. A la derecha, por entre las pequeñas colinas plantadas de pino manso, se veía el mar azul. Paulos tardó en darse cuenta de que era mar y no cielo. Y se emocionó pensando que, de un momento a otro, iba a ver unas naves que quizá fuesen suyas, y regresasen de Indias.

IV

Por Marcos, el tabernero, no habían pasado los años. El mismo enorme vientre ceñido por la misma faja roja, los mismos ojos pícaros.

—No dio tiempo a llevarle un médico a la Garganta. Me avisó el pastor Leoncio, que era el que le llevaba las pericas al cabrón cuando Fagildo las notaba salidas, que ya sabes que dan una peste ácida. Mandé a mi cuñada en una mula, y yo subí dando la vuelta por la Selva, que es más cómodo. Cuando llegué ya estaba dando las boqueadas. Dio el reloj el aviso de rezo, y lo oyó, que quiso incorporarse en la cama, pero no pudo. Y dio el alma. No bien murió, un oficial del obispo selló todo, que sospechaban que Fagildo guardaba un tesoro. Mi cuñada, que es viuda, quizá la recuerdes, la Tana, una mujer fuerte, viuda dos veces, que tomaba café en la cocina y riendo contigo te apretaba las partes, ¿te acuerdas? ¡A lo mejor ya te gustaba! Pues la Tana lo desnudó y lo lavó, ayudada por Leoncio, y ¿sabes?, Fagildo tenía dos clavos en las nalgas. Dos clavos de penitencia. ¡Mira! Se los sacaron, que fue fácil, tenía las carnes podres alrededor, moradas.

Marcos le mostraba a Paulos los dos clavos, de una pulgada de largo, la cabeza picuda.

—Por penitencia, claro. Le vistieron el frac, y el oficial del obispo, que se mostró muy mañoso, con el paño blanco de san Dionisio, le hizo un babero plegado. ¡Para mí fue una pérdida! ¿Servirán de medicina los clavos? Por ejemplo, tocando con ellos una úlcera, o un punto reumático, unas verrugas, un lobanillo... ¿Servirán?

—Me los llevo yo, Marcos.

Paulos buscó en el maletín un pañuelo blanco, de seda, envolvió los clavos en él, y los guardó.

—Acudió mucha gente al entierro. Mujeres con hijos, ya sabes...

A Paulos se le ocurría avisar a todas las mujeres a las que Fagildo les había profetizado un hijo, y si niño o niña, y conocer a todos. Se tratarían como parientes, se visitarían, se harían regalos, casarían entre ellos. Por un momento, a Paulos se le ocurrió subir a la Garganta, y sustituir a su tutor en la ermita, pero no tenía motivos para la soledad, y además, ¿de dónde sacaría la infinita compasión y la alegre esperanza que vivían en la voz de Fagildo ante la mujer que esperaba la respuesta?

—¡Un niño, alrededor del día de san Miguel!

Y el niño se hacía en el vientre, poco a poco. En grande parte lo hacía aquella voz alegre.

Paulos regresaba de Italia, habiendo decidido el signor Calamatti que ya no necesitaba más colegio, y sí viajar.

—Tienes una grande fortuna, Paulos, una «grossa» fortuna. ¡Estás obligado a pasearla por las grandes capitales! ¡Lástima que los años y los achaques me impidan acompañarte!

El signor Calamatti estaba sentado en un sillón de orejeras en la galería de su casa milanesa. Había envejecido. Ya no cantaba, por consejo de médico, que temía que la flojedad del cuello, en un estirón, no sostuviese la cabeza del músico en la expansión de los agudos. Se aburría, y había dejado de teñirse el pelo. Se pasaba las horas muertas junto al balcón, viendo la gente atravesar la plaza, chupando pastillas de menta, silbándole al mirlo, leyendo por enésima vez «I promessi sposi», y «La Cartuja de Parma» por no olvidar el francés. Ésta la leía en alto, a media voz, canturreando los diálogos, como en la ópera. Cuando leía «La Cartuja» ante el espejo, Paulos sabía que no debía interrumpirle. Otras veces el signor Calamatti pasaba un brazo por la cintura de Paulos y lo ponía ante el espejo, apoyaba un dedo en la frente del joven, y decía párrafos de Stendhal que sabía de memoria. Era Fabrice quien hablaba, quien pensaba, quien sufría: «Elle croira que je manque d'amour pour elle, tandis que c'est l'amour qui manque en moi; jamais elle ne voudra me comprendre. Souvent à la suite d'une anecdote sur la cour contée par elle avec cette grâce, cette folie qu'elle seule au monde possède, et d'ailleurs nécessaire à mon instruction, je lui baise les mains et quelque fois la joue. Que devenir si cette main presse la mienne d'une certaine façon?». Y el signor Calamatti le apretaba la mano a Fabrizio, digo a Paulos, un apretón que era a la vez una caricia estremecida.

—¡Esto no te lo enseñarán en el Colegio Sforza! ¡Ah, el amor! Ese cálido vaho, esa boca fresca que se acerca... ¡Contente, «cuore mio»! «Oh, bacciare il disiato riso!» ¡Francesca! ¡Qué sabrán de esto los profesores del Colegio Sforza! ¡Plazas montadas!

El signor Calamatti sudaba, se limpiaba el rostro con un pañuelo, pedía a gritos un sorbete de lima al ayuda de cámara, se derrumbaba en el sillón.

—¡Me muero sin saber lo que es amor! ¡Todo esto es teatro!

Paulos seguía mirándose en el espejo, el alargado y pálido rostro, la boca gordezuela, las largas pestañas, los ojos negros, el largo pelo dejando ver la oreja derecha, y por el lado izquierdo cayéndole hasta los hombros. Repitió en voz alta, con verdadero sentimiento, preguntándose, solicitando una respuesta de su alma más secreta:

—«Que devenir si cette main presse la mienne d'une certaine façon?»

—¡Con qué naturalidad! ¡Con verdadero sentimiento!

El signor Calamatti da Monza, resucitado, abrazaba a Paulos, lo besaba en las mejillas.

—¡Con verdadero sentimiento! ¿Conoces una mujer casada, temes de ella esa dulce presión de su mano en el saludo o en la despedida? Mejor en la despedida, porque quiere llevarse consigo esa brasa del inmenso fuego tuyo, abrirá su corazón para esconderla allí…

Serio, empinándose las puntas de los pies, miraba a los ojos a Paulos.

—¿Existe esa mujer?

Paulos se ruborizó. Le habían venido a la memoria las grandes damas de París, la joven mujer del capador, con la que tanto había soñado, con aquel andar pasito, la cabeza baja… Le añadía ahora al recuerdo de la mujer unas miradas a hurtadillas, una sonrisa que apenas osaba asomar.

—Sí.

—¿Puedo saber su nombre?

Paulos bajó la cabeza, y dijo con voz que a él mismo le sonó extrañamente apasionada:

—Madame la princesse de Caraman-Chimay.

—¿Casada?

—Sí.

—¿El marido?

—Se distrae capando animales, cerdos, caballos, gatos.

—¡A tu edad sería terrible! Si te pescase niño de siete u ocho años, te podrías ganar muy bien la vida. Véanse los tiples del Papa, véase Ludovico Bentivoglio… Quería salir en el Scala de Lucia de Lammermoor, pero el tenor que estaba apalabrado, que había cantado en deshabillé ante Isabel II de España, se negó, que dijo que hacerle el amor a aquel puto vestido de dama escocesa, aunque fuese en romanzas, ofendía su virilidad.

Paulos no quería abandonar Milán sin dejarle un regalo al signor Calamatti, el cual se decidió por un calefactor de gas y un juego inglés de pistolas de duelo, que estaba muy al tanto del código de lances, y en Milán había muchos lances de honor a causa de las pasiones que levantaban las cantantes de ópera, y él podría ofrecerse de juez, cobrando un tanto por el uso de sus pistolas imparciales. La despedida fue triste y amistosa, y el signor Guidobaldo Calamatti da Monza le rogó a Paulos que, si con la ayuda de san Cornelio, lograba calzarse a la princesa de Caraman-Chimay, que le pusiese una postal desde París.

Paulos le preguntaba a Marcos si vivían el capador Bernaldino y su mujer, y si los señores de la casa del molino, en la ribera, iban a pasar allí sus agostos, con aquella niña suya, tan rubia. Hacía las preguntas, y luego, indiferente, no parecía esperar las respuestas.

—La mujer del capador, que se llama Violeta, nunca estuvo tan hermosa. Parió dos niñas como había anunciado tu tutor Fagildo, y ya no empreñó más. El Bernaldino les puso una casa en la ciudad, y él fue a capar a Normandía percherones y terneros charolais, por cambiar de aires, por ganancias, y porque le dijeron que dejase descansar a la mujer un año, y que luego viniese de nuevas en una luna creciente y probase a hacer el hijo varón. Dejó las ventanas de la casa enrejadas, y en todas las puertas campanillas. Al principio se quejaban los vecinos de tanto repique, pero ahora ya se acostumbraron y dicen que ni las oyen.

—¿Y la niña rubia?

—¡Ésa hay que beberla con espuma, como esa taza de vino que te sirvo! La pusieron en un florero de plata a la entrada del puente, y cuando pasó Julio César, ella soltó una paloma. Cuando yo paso por la plaza, si está asomada a la ventana de su casa, me dice adiós. ¡La verás cualquier día!

El escribano le hacía las cuentas de las acciones de la Compañía de Indias, y en cuatro años sólo había habido dos naufragios, y en ninguno de ellos se perdieron perlas. Paulos le dijo que quería tener una casa en la ciudad, y el escribano le contó de la casa del mago Fetuccine, y que la criada Felisa la vendía barata, reservándose de por vida la cabaña de la huerta y el fruto del manzano de la longevidad. Paulos compró, y el escribano y un sobrino que tenía, pintor de estampas y de carteles de ciego, le buscaron muebles y alfombras, y sábanas de lino, y una tía y una sobrina para la cocina y demás servicio. La tía era tartamuda, y la sobrina, por no disgustarla, también tartamudeaba ella. Una tía de Paulos le regaló un retrato al óleo de su abuela materna, alabándole lo que en aquél se parecía a su madre. Paulos se sentaba ante el retrato y esperaba a que comenzasen a mecerse en el aire la cariñosa mirada y la dulce sonrisa. A sí mismo se recomendaba paciencia. Una tarde se quedaba dormido ante el retrato, cuando lo sobresaltó un ruido que venía de la cocina, una tapa de tartera que les habría caído al suelo a la tía o a la sobrina, y vio entonces por vez primera cómo salía hacia él desde el retrato la caricia de la mirada y de la sonrisa, tal como la conocía y guardaba en la memoria de los días infantiles. Encendió todas las luces del salón, y salió a la solana. Llovía fuerte. Se dejó estar entre las dos macetas de tejo de los naranjos enanos. El aroma del azahar lo embriagaba. Se dejó calar por la lluvia, y por primera vez recordó cómo su madre lo bañaba, canturreando. La voz venía con la lluvia, de la tierra mojada, de las raíces de los árboles, del viejo nogal. La tarde, antes de irse, se envolvió en un echarpe suave carmesí. Cesó de llover y se escuchó chillar las golondrinas en los nidos del alero. Sonó el reloj del tío Fagildo, dando la media de oración. Del comedor venía el olor del pan que acababa de llegar del horno. Paulos quería que pusiesen las hogazas allí. Había mandado hacer una marca de latón con una P y una nave de Indias pasante, y le gustaba reconocerla y acariciarla en los grandes y redondos panes. Comenzaba Paulos a darse cuenta de que había regresado.

V

Paulos había encontrado a María, pero ella no lo recordaba. Tomó su propia cara entre las manos, e intentó hacer memoria. Los ojos azules miraban lejos, por encima de la cabeza de Paulos.

—Tú estabas entre la criada morena y yo, del lado de acá del pozo.

—No recuerdo nada. Ni a Fagildo. Solamente sus palabras: «¡Tendrás todo cuanto sueñes! ¡Tendrás todo lo que sueñes, María!».

María deshacía las doradas trenzas, dejaba que la ondulada cabellera rubia le cayese por la espalda. Ponía el cuenco de sus manos bajo el chorro de todas las fuentes. La primera vez que fue a casa de Paulos tuvo miedo.

—Dicen que dentro del autómata negro de Fetuccine se escondía un diablo cojo. ¿Lo encontraste tú alguna vez?

—En las noches de luna llena escucho su bastón en las escaleras del desván. ¡Tac! ¡Tac! ¡Tac! Nueve veces, los nueve escalones.

María tuvo miedo y se escondió en la jaula de las palomas de Fetuccine, el único recuerdo del mago que se conservaba en la casa. Era una jaula alta dos varas, de mimbre, ovalada. Los mimbres estaban pintados de blanco y de rosa. Dentro de la jaula, la cabeza de María tropezaba contra los columpios de las palomas. Paulos se rió, y llenó el comedero con galletas y el bebedero con málaga virgen.

—Me proteges del diablo asegurando la puerta de la jaula con doble tranquillo, y al tiempo me haces tu prisionera.

Paulos acercó un taburete a la jaula, cruzó una pierna sobre otra, miró con inmenso amor a María.

—¡Dame la mano!

—«Que devenir si cette main presse la mienne d'une certaine façon?»

—¿Qué lengua es?

—¡Francés! En una novela, un joven se preguntaba qué sería de él si una mujer hermosa un día le apretaba la mano de una cierta manera.

—¿La conocía o la soñaba?

—La conocía soñando.

—¿Y la apretó la mano de esa cierta manera?

—Aún no he llegado a ese paso en la novela.

—¿La tenía prisionera? ¿Aprieto yo tu mano de una cierta manera?

Paulos creyó que iba a echarse a llorar.

—¿Y qué quiere decir?

—¡Que estamos solos en el mundo, dueños del mundo, María!

—¿Una paloma prisionera dueña del mundo?

—En Italia, a dos leguas de donde yo vivía, había una torre, una torre redonda. En lo más alto, le salían unas planchas de hierro, horizontales, haciendo un alero, para evitar que alguien pudiese entrar por allí. La misma invención que usamos para evitar que los ratones vayan a un queso que seca en la tabla, colgada de una viga, en el desván. La torre no tenía puerta ni ventana, sino dos o tres agujeros como de entrada de zurita en palomar. Por esos agujeros le pasaban pan hojaldrado e hilos a la prisionera. El pan para comer y los hilos para que tejiese sus ropas. Ella dejaba papeles plegados diciendo, por ejemplo, seis madejas de hilo rojo y cuatro de negro. Esos agujeros tenían puertas dobles, con cuatro candados, que solamente sabían abrir los carceleros del duque de allá, un hombre pequeño, siempre armado, con un parche en la nariz, que no le acababa de curar una herida de flecha turca. Nadie sabía quién fuese la prisionera. El signor Calamatti creía que una mujer adúltera.

—¿Hay mujeres adúlteras?

—¡No, no las hay! Si las hubiese, ¿a qué fidelidad nos referiríamos para juzgarlas? Hablo de las grandes pasiones. Como hubo dos revoluciones, la del impuesto sobre la mantequilla y la de no poder escribir más que por una cara en el papel sellado, la gente se olvidó de la prisionera. Lo más para que servía era para dar la hora. Pasaban los carceleros, cada uno con su llave, camino de la torre, a las doce de la mañana, y la gente del barrio que llaman Romano, como si oyeran fajina, se decían que era hora de almorzar. Si algún forastero pasaba cerca de la torre y se detenía a echarle un vistazo, la policía lo interrogaba: «¿Es usted entendido en torres?». Algunos, por darse mérito, decían que sí, y citaban la inclinada de Pisa, un castillo redondo en Sicilia, la torre de Londres, otra en Chipre... Entonces, empezaban los inacabables interrogatorios, desde qué es una torre hasta: «¿Estuvo usted prisionero alguna vez? ¿Cómo era la torre? ¿Cuánto tiempo? ¿Intentó alguna vez la fuga? ¿Cuándo sentía más intensamente la necesidad de fugarse, en verano, en invierno? ¿Consideraba alguna vez que merecía la prisión? ¿Aunque no fuese por el delito de que era acusado? ¿Escuchó a otros prisioneros planes de fuga? ¿Qué técnica utilizarían? ¿Alguno sería adecuado para salir de nuestra torre? ¿Y para entrar por la única entrada, la parte superior, descendiendo por el hueco del patio? ¿Había escalera o no había escalera?».

—¿Había escalera?

—No, no la había. El forastero se marchaba a su país, huyendo atemorizado de la tiranía de los Visconti, y contaba de la torre, y de que en ella debía guardarse un terrible secreto de Estado. Un día, en una ciudad lejana, o en varias a la vez, alguien dijo en la plaza: «En la Torre Senza Porta está encerrada una mujer muy hermosa».

—¿La más hermosa?

—¡Sí, la más hermosa!

—Y varios jóvenes, cada uno sin saber del otro, corrieron nocturnos a Lombardía con el propósito de librar a la hermosa de su prisión, y casarse con ella. Alguien, curioso de las pasiones, pudiera haberlos reconocido en las posadas, en las encrucijadas, en las fuentes en que se detenían a beber, por la luz dorada de su mirar, lo apresurado e incoherente de su charla.

—¿Tú no estabas entre ellos?

—Lo supe demasiado tarde, María. ¿Cómo puedes pensar que no hubiese estado? Solamente uno llegó al pie de la torre sin ser visto. ¡La Torre Senza Porta estaba allí, negra, el viento de aquella terrible noche haciendo rechinar en sus tornillos las planchas de hierro allá en lo alto!

—¿Cómo se llamaba?

—Luchino delle Fiore della Chiaranotte.

—¡Dímelo en lo nuestro!

—¡Luchino de las Flores de la Claranoche!

—¿Logró entrar en la torre?

—¡No le hizo falta! Se le ocurrió lo que hasta entonces no se le había ocurrido a ninguno. Corrió una larga hora alrededor de la torre, bajo la lluvia, iluminado por los relámpagos, gritando los nombres todos de las mujeres de allá. Al fin, cuando ya fatigado de las carreras, enfebrecido, loco, se disponía a dejarse caer en el lodo

y morir, un nombre halló respuesta: «¡Vannaaa!».
Y desde el corazón de la torre vino la respuesta, como
si vibrase un vaso de fino cristal de Sajonia.

—¡Sí!

—Y entonces la torre se abrió en dos partes iguales, y
Luchino pudo tender la mano derecha a Vanna. Brillaba tanto la sonrisa de ella que no permitía reconocer
el rostro. Luchino galopó horas y horas con ella en la
grupa de su caballo. Vanna apoyaba su cabeza en las
espaldas de Luchino. Pero, atravesando una selva, al
amanecer, cabalgando entre la espesa niebla, Luchino
perdió a Vanna. De pronto notó que arrancaban de él
aquel calor que le entraba por la espalda, un calor de
sangre y de cabellos tiernos. No, Vanna no estaba. La
buscaron días y días en la selva. De tanto escuchar a su
amor llamarla, «¡Vanna!, ¡Vanna!, ¡Vanna!», el propio caballo aprendió a gritar el nombre de la hermosa.
Pasaron años, quizá siglos. Dicen que Luchino delle Fiore
della Chiaranotte todavía busca a Vanna en la selva
aquella. La explicación científica es que Vanna era niebla y se incorporó a la niebla. Como prueba de la veracidad de la historia que te cuento, queda el eco del des-
filadero de la selva, al que digas lo que digas, siempre
responde «¡Vanna!», y la torre derribada, partida en
dos, como cortada con un cuchillo. Dicen que estaba
la torre por dentro forrada de plumas, pero ahora no se
ve ni rastro del forro, que todo es piedra oscura. En las
junturas nace la valeriana.

—¿El nombre de una mujer hermosa, dicho con fiebre
de amor, puede partir una torre en dos?

—¡Y una jaula de mimbre también!

Paulos retrocedió hacia el fondo del salón y se detuvo
junto al gran espejo redondo. Abrió los brazos, y paró
la carrera de su corazón.

—¡María!

La jaula de mimbre de las palomas amaestradas de Fetuccine se estremeció, y le cayeron los aros paralelos, se deshizo todo lazo, se soltaron los meridianos, y la jaula se abrió en pétalos iguales. Lo blanco se juntó a lo blanco y lo rosa a lo rosa. María se recostaba en el aire, vestida de azul. La brisa la llevó a los brazos de Paulos, como si viento de mayo apresase con la punta de sus dedos una flor de cerezo. Los labios estaban en cualquier lugar de la luz y del aire, pero los de cada amante hallaban fácilmente los dulcísimos contrarios. Se abrían todas las puertas, y alguien, en el otro extremo de la ciudad, hizo música. El péndulo del reloj se detuvo, un péndulo de bronce dorado que figuraba una enredadera de rosas coloradas, y en su parte inferior terminaba en un óvalo de porcelana en el que una anciana, al amor del fuego, hilaba. Hilaba los siglos y los destinos.

Estos asuntos hay que contarlos así, de una manera vaga y fantástica. La ciudad a lo suyo, a sus trabajos y sus días, pero en un rincón de ella, en un lugar secreto, alguien derrama gota a gota un perfume acabado de lograr. Las gentes en calles y plazas, saludándose, entrando en las tiendas a comprar zapatos, mermelada de naranja, cartuchos de escopeta, agua de colonia, vino dulce, papel y sobres, aceite de oliva, anillos, chuletas de cordero, y todo lo demás; los cónsules en el salón de sesiones, inclinados sobre los informes, discutiendo la conveniencia de abrir una nueva puerta en las murallas de la ciudad; el comisario de forasteros interrogando a un viajante de cuchillos:

—¿Nacionalidad?

—¡Alemana!

—¿Religión?

—¡Oh, la música!

Su criado entraba portando el gramófono con la gran bocina pintada de verde y rosa. Le daba cuerda, pasaba un pincelillo por la aguja, el disco empezaba a girar.

—¡La Séptima!

El viajante de cuchillos se quitaba la chistera y se arrodillaba. El comisario de forasteros escuchaba, impaciente. Cuando terminó el disco, iba a decir que aquella pieza no era bailable, pero se lo impidieron las doce campanadas del reloj de la basílica de San Miguel. Pero, ¡si eran las cinco de la tarde en su reloj suizo!

—¿Hay trampa? —le preguntaba al viajante de cuchillos.

—¡Oh, la música!

En la escuela de Mayores, el profesor de Historia explicaba la invención del tonel por los galos.

—¡Nuestros antepasados! Con la invención del tonel pudieron envejecer los vinos.

Y mostraba a los alumnos la reproducción de un bajorrelieve del siglo II, en el que se veía una barca cargada de toneles, que se suponía que descendía por un río, al remo timonero un hombre barbudo.

—¡Puede ser nuestro río! ¡Puede ser el Ródano! ¡Fíjense en el timonel! Los días de mercado, ¿no hay en el ferial cien rostros iguales?

La mujer que vendía puntillas y entredoses conversaba con el viejo melero. Alrededor de las panzudas vasijas de latón revoloteaban abejas, avispas, moscas. El vendedor de ajos posaba las ristras en el banco de piedra, y se abanicaba con el sombrero de paja.

El capitán bajaba por la calle de los Templarios, camino de su casa. Regresaba, fatigado, de inspeccionar la instrucción de los reclutas. Se detuvo para saludar al juez sustituto, quien, en un descanso entre dos declaraciones, iba a la botillería a beber una horchata helada. Corrían unos niños golpeando con los pies una pelota de trapo.

—¡Los hombres del mañana! —dijo el capitán, quien siempre repetía las frases célebres en las arengas.

Dos mujeres volvían del río, en la cabeza las tinas de la ropa que acababan de lavar. Una viuda se daba polvos de arroz antes de vestirse para ir a la novena de San Goar. Un sastre, a la puerta de la tienda, extendiendo un corte de traje, le explicaba a un cliente la calidad de la tela y alababa el color. Aquel día hacía calor. Pero otros días hacía frío, otros llovía, o hacía viento. La campana «Genoveva» de la basílica tocaba a parto, a bautizo, a agonía, a muerto. Tras este último toque, las gentes atendían a la señal. Dos toques.

—¡Una mujer!

La familia Malatesta velaba el cadáver de la duquesa. Alguien recordó que la difunta a las cinco de la tarde decidía que era noche, y se retiraba a su dormitorio, un enorme salón cuadrangular, con las ventanas siempre cerradas. Por hacerle una fineza a la muerta, apagaron los enormes velones que ardían a la cabecera y a los pies del ataúd. Eran los velones hereditarios de la familia, cera del siglo XV, cera virgen de colmenar, y en cada velón, de una cuarta de diámetro, aquí y allá incrustadas piedrecitas de incienso, que cuando llegaba a ellas el fuego del pabilo, ardían vivaces regalando la sala de respeto y la casa toda con su perfume. Un perfume persistente. Los Malatesta olfateaban el aire y se decían:

—¡Hace veinte años que murió, y todavía se percibe el aroma del velorio de tía Severina!

Los Malatesta permanecían sentados y en silencio, velando, arrimadas las espaldas a las paredes de la sala de respeto, cubiertas con tapicerías de Flandes que representaban romerías.

—¡No se puede subir! —le decía el ama de llaves al vendedor de ajos.

—Pero, ¡si siempre me los elegía ella para la zorza! ¡Zamoranos, pequeños, con el bordillo del color de la violeta!

—¡Hoy sólo suben los titulados a dar el pésame!

El pintor terminaba de redondear con purpurina las letras de la cinta para la corona de flores: «Los Malatesta de Rímini a la Muy Alta, Noble y Poderosa Señora Isotta».

—¿Dónde se vio que se cobre un ataúd por adelantado? —discutía el ama de llaves con el de la funeraria, un cojo con una mancha que le iba desde la oreja derecha al mentón.

—¡Todo el mundo sabe que están tronados!

—¡Tienen joyas!

El vendedor de ajos se acercaba al pintor.

—¿Podrían ir en la corona estas dos ristras? Son los ajos que a ella le gustaban, zamoranos, pequeños, con el bordillo del color de la violeta...

—¡No cuadran los ajos con las rosas!

El ajero acariciaba las ristras. Caía la tarde. El zapatero remendón golpeaba unas mediasuelas y cantaba. También cantaban las pantaloneras del Cabildo, que estaban en la obra de los calzones de invierno de los canónigos, forrados de lana, atados con cintas en la pantorrilla.

—¡Callen, que hay difunto! —gritaba el ama de llaves, entreabriendo el portalón.

—¿Qué difunto?

Todos los habitantes de la ciudad creían que el palacio

estaba vacío. Un año caía parte del tejado. Otro, se abría de pronto una ventana, se batía, y fracasaban todos los cristales.

La ciudad despertaba sus días todos desde el paso de Julio César, con todos los que la habitaron. O se dormía en la dulce noche de agosto con los que ahora mismo vivían en ella. Todo pendía en quién soñase y qué. Se mezclaban las edades, los dolores, las canciones, los nacimientos y las muertes. Los fantasmas se encontraban a sí mismos cuerpo humano, y los humanos presentes podían confundirse con la niebla que subía desde el río, lamiendo las fachadas de las casas. Los Malatesta se arrimaban a los tapices, se adentraban en ellos, se escondían tras los árboles del fondo en las romerías flamencas, y si uno de ellos llegaba a un desgarrón del viejo tapiz, donde las hilachas colgaban, también se desgarraba, deshilachaba y moría.

VI

—¡No estabas, Paulos! ¿Llegaste muy tarde?

—¡Muy tarde, María! Tuve que esperar a que todas las estrellas se colocasen en su sitio, y poderme guiar por la Polar para regresar. Un hombre me ofreció un caballo, que sabía regresar solo a su país desde el puente nuestro. Pero vinieron de parte del rey a decirme que podía volverme montando un caballo antiguo, alazán, lucero, que me mostraban en una lámina. El portador de la lámina se retiró al fondo del patio, dijo el nombre latino del caballo, y éste saltó de la lámina al camino. Lo monté, y ambos cabalgamos con vientos favorables, como vientos. Al llegar a casa dije las palabras secretas que me enseñaron, y que no puedo compartir con nadie, que perderían todo poder, y el caballo volvió a su lámina.

Paulos le mostró a María la lámina en la que aparecía el bayo, al que tenía de las riendas un negro que vestía chaleco floreado y bombachos color rosa.

—¡Algún día huirás en él!

—¡Nunca lo volveré a montar! Lo llevaré a la tienda de la plaza a que me lo enmarquen, y mandaré que peguen la lámina sobre tabla, no vaya una mañana a querer el bayo irse por su cuenta. Pegado a la tabla, no podrá salir al camino.

—¿Quién lo montó antes que tú?

—Se lo pregunté por el camino, pero no lo recordaba muy bien. Habló de un cierto Arturo, que fue quien de regreso de una batalla le puso el lucero, que antes no lo tenía. ¡Un rey compasivo! Extendía la mano, y llegaba con un bocado de pan mojado en miel a la boca de los mendigos que estaban en la cuneta. El brazo le medraba las dos o tres varas que fuere menester. Esto es todo lo que recordaba, y por lo de su lucero.

—¿Hablaste con alguna mujer?

—El país a donde viajé tiene forma de palma de mano, con sus colinas, y las rayas son ríos. Yo entré en él por el que llamaremos dedo índice, considerando que puesto en mapa, de norte a sur, el país es la mano izquierda. En la tercera colina del índice, antes de llegar a la palma, hay un bosque de alisos y abedules, y a orilla del camino, una fuente. Una mujer llenaba de agua una herrada, cuyos aros de cobre brillaban con la caricia del sol naciente. Levantaba la niebla y se veían los anchos llanos. Apartó la herrada para que yo bebiese aquel delgado hilo que salía por uno de los tres caños, que los otros no daban, que era tiempo de estiaje.

—¿Era joven?

—Treinta años, estimé. Alta, muy hermosa. Iba a tener un niño. Quizá lo haya tenido esta misma noche. Quizás el niño esté naciendo ahora mismo. Me dijo que si me quedaba en aquella provincia, que tan pronto como ella pariera comenzaría a salir agua abundante por los tres caños, y que así acontecía siempre que en las cercanías de la fuente nacía un niño. Y esto acontecía desde que peregrinara por allí un ermitaño llamado Fagildo. Así el estiaje de la fuente aquella no era como el de otras, y aunque fuese septiembre, se lo rompía la nueva vida. Hace catorce o quince años, me contó, pasaron unos turistas ingleses por allí, y oyeron algo de aquella fuente, y una señora, que estaba de cinco meses, dijo que ella se quedaba de posada hasta el parto, por ver resucitar la fuente. Y cuando llegó la hora la acostaron en una colchoneta, debajo de un techo formado por una colcha azul y enramadas. Llegaron a la vez el niño y las aguas.

—¿Niño o niña?

—¡Niña! Por las señas que me dio la mujer que estaba con la herrada en la fuente, y las que me añadió un músico de laúd con el que hice camino una hora larga, ya sé de quién se trata, aunque no recuerde muy bien el nombre. Su madre, la del parto en la fuente, es griega, y viuda; se volvió con la niña a su patria, después de vender en Londres las joyas que heredara, para tener suelto para gastos de viaje y compra de una casa en su polis, con pórtico al mediodía y un jardín. Lo de volverse con la niña a su patria fue, aparte otras razones, porque la niña nació ciega.

—¿No sabe que amanece?

—¡No!

—¿Nunca vio una rosa?

—¡No! La niña es ciega, muy bella, pero ciega. Y si yo sé algo de ella, es por un raro suceso que cuentan los que estos años vienen de Levante. Apareció en una cueva, cercana a la ciudad de la viuda, una bestia mitad dragón y mitad humano monóculo, que sabe encender fuego, y come asados rebaños enteros. Hacía muchos estragos, robaba cerdos, una huerta entera de lechugas sólo le servía para hacer una ensalada, y cuando se emborrachaba, soplaba fuego y quemaba casas. Un día preguntó por el alcalde, y dijo que si le daban una hermosa para bodas, que se volvía pacífico y vegetariano.

—¿Y le dieron la hermosa?

—Discurrieron que saliese la cieguecita, que no le tendría miedo a la bestia no viéndola, hasta el prado frente a la cueva, y que le tendiese al monstruo un papel de dos varas cuadradas en el que estaban escritas las capitulaciones matrimoniales, y bienes separados, todo en la prosa misma de Justiniano. Y la bestia tenía que leer el documento de pe a pa. La cieguecita le dio el papel al monstruo, quien se relamía de gusto viendo aquel pimpollo morenito, subido a un tablado adornado de guirnaldas y tapices. La bestia, por demostrar que era culta helénica, se puso a leer el documento en voz alta, sacando en lo posible voz humana, y ceceando, que es moda en la Hélade desde que bajó, por el verano, una cantaora gaditana, y estaba el monstruo perfumado, porque se había revolcado toda la mañana en dos hanegadas de espliego florido. Y cuando la bestia estaba en las que llaman cláusulas de estilo y citas de leges, apareció Jorge galopando, lanza en ristre, y antes de que el lector se diese cuenta, ya le entraba el hierro en la boca por la K de un «kyrie», metiéndole la K dentro de la boca abierta al decirla, y en llegándole la lanzada a las amígdalas, que las desgarró, sin más expiró la bestia. Expiró, y se desinfló poco a poco, hasta quedar reducida al tamaño de un sapo. La envolvieron en las capitulaciones matrimoniales, y después la enterraron. Desinfectaron la cueva, y ahora tienen expedientado a Jorge para santo, que es el doce dragón que mata, y además sin cobrar.

—¿Y la ciega?

—Ella quería tocar a Jorge y enamorarse de él, pero el paladín ya se había marchado, galopando, a su selva de Capadocia. Ya que no pudo tocar a Jorge, se enamoró, dolorida, de su ausencia, para ella representada por el eco del galopar de un caballo a mediodía. La madre intenta que se dicte una ley que prohíba los caballos en aquella región, por ver si la cieguecita se va olvidando de Jorge, y pone más atención en el estudio del piano, método Ginz para los privados de la vista. También del mismo autor hay un método de mermeladas y confituras para ciegos, con caja de resorte para los útiles.

—¿Y qué hiciste en el país que es como la palma de la mano?

Paulos miró dulcemente para María, y tiró de ella hacia sí, hasta tenerla sentada en sus rodillas. Pesaba, se dijo Paulos, lo que el ruiseñor.

—Comprar un anillo de oro. Para ti, María.

Lo tenía en la mano cerrada y no se lo mostraba.

—En aquel país hay una tienda, por detrás del palacio real y de la escuela de gramática, en la que solamente venden anillos de oro, pero no anillos cualesquiera, sino anillos que ya fueron usados, que estuvieron en los dedos de enamoradas famosas. Te sientas a la puerta de la tienda, y como allá hace calor, un criado te está abanicando mientras enumeran los anillos y te cuentan de las que fueron sus dueñas. Por eso se me hizo tarde, escuchando. Al fin, elegí éste.

Ahora se lo enseñaba. Era un anillo fino, que fingía una trenza de a tres, y en un punto tenía simulada una rosa como prendedor. María lo probó.

—¿Cómo se llamaba? ¿Cómo vivió y murió?

—¡Se ignora! Un príncipe era dueño de ese anillo, y le habían augurado que cuando verdaderamente se enamorase de una mujer, que se lo mandase envuelto en un pañuelo de seda, y que ella sabría quién era el que le enviaba el anillo, aunque nunca lo hubiese visto, y si era virgen, se enamoraría a su vez. Pasaron años y años, y el príncipe no se decidía a enviar el anillo a una mujer, porque sopesaba su corazón y nunca lo encontraba lleno de amor, con tanto amor como era preciso para enviarle a una hermosa desconocida el anillo famoso, en un pañuelo de seda. Ya gastara más de diez pañuelos en las dudas, envolviendo y desenvolviendo el anillo. Pasaron años y años.

—¿Era un anciano?

—No, aún no, aún era el príncipe, de aquí para allá, melancólico, amigo de escuchar canciones. Un día encontró en una posada, en el camino de Santiago, a una mujer bellísima, y se enamoró, viéndola lavar sus pies detrás de la cerca de laurel, abriendo en ella un mirador con ambas manos. Por cierto, que asustó a un verderol que allí mismo hacía nido. Conforme a lo avisado por los augures, le mandó el anillo a la mujer, después de asegurarse de que era soltera, lo que fue fácil porque lo sabía toda Alemania. Y se sentó a la puerta, a esperar. Sí, ella se enamoró de una imagen de hombre que le sonreía desde la sombra, y salió hacia él. ¡Había llegado amor, irresistible! Pero la posada tenía dos puertas, una que daba al patio y al camino, y otra que daba a un estrecho sendero, por el que subían hacia una santa montaña los peregrinos más penitentes. Esperaba en una puerta el príncipe, mientras ella, saliendo por la otra, se apresuraba ya por el fatigoso sendero. Nunca más se supo de ella. ¡Seguirá caminando! En su habitación dejara olvidado, con las prisas de amor, el anillo. Se lo llevaron al príncipe, quien se echó a llorar, envejeció, se quedó sordo, y poniéndose en un camisón de invierno se metió en la cama, en su palacio. Comía algún que otro pichón, e higos en almíbar. El día antes de morir mandó el anillo a la tienda, diciendo que ya aparecería alguno a quien le gustase soñar.

—¿Tengo que amarte?

—¡Siempre!

Paulos, solo en la casa, escuchaba los nocturnos ruidos, que ya le eran familiares. Cargaban a la puerta de la tahona en los peludos asnos los grandes cestos llenos de redondos panes de segunda, y reían los oficiales de pala con las mandaderas. Después, se hacía el silencio, y se escuchaban los ruidos propios de la casa, los ruidos que habían ido creando los años, las maderas envejeciendo. Eran la manera misma de hablar de la casa, quejidos y crujidos, una rápida carrerilla de un ratón en el desván, el tictac del reloj, una puerta de la leñera que siempre la abría la presión del viento, los dos o tres grillos que en septiembre habían buscado refugio en el horno, una rama de un naranjo enano golpeando un cristal de la puerta de la solana si soplaba sur. Crujían de diferente modo la puerta del gran armario empotrado y los maderos del rellano de la escalera. Paulos se descalzaba y se sentaba a los pies de la cama, con los pies desnudos acariciando las flores de la alfombra, que se extendían sobre un lecho confuso de hierba verde. ¿Sería posible continuar viviendo de los sueños y en los sueños? ¿Qué era lo que él quitaba o añadía a la vida cotidiana? Todavía ahora distinguía lo que vivía y lo que soñaba, pero se sorprendía a sí mismo descubriendo que también vivía lo que soñaba, que lo que vivía tomaba la forma de sus sueños. Bastaba a veces que añadiese un adjetivo al pan o al agua, a una paloma o a la tela de su capa, para que se produjese una súbita mutación, y lo real pasaba a ser fantástico. Perezoso, no salía apenas de casa en toda una semana, durmiendo siestas de mañana y tarde, ensoñando viajes, recibiendo visitas de gente que no había, pero buscando, y a veces desesperadamente, un objeto real que el extraño visitante le había regalado, o había dejado olvidado en la mesa del vestíbulo, y que era la prueba fehaciente de la visita. No podía detenerse a pensar quién era, de dónde venía, a dónde quería ir. Sí, más de una vez tuvo la sensación de hallarse en un escenario. La sala estaba vacía, pero Paulo tenía que representar a la perfección el papel ensayado una y mil noches, escrito por él para él. A veces se trataba de un monólogo:

—Ésta es la soledad y la razón, la soledad de mi razón. Oso reclamarle a la noche sus tinieblas para mi alma. He de ser aceptado como soy, el viudo, el triste, el desconsolado duque de Aquitania en su torre destruida. ¿Es ofender a Dios amar a la sirena más que a Él? He aquí la espada rota, y la traición probada. ¡Este vaso es todo lo que resta de la sangre! *(Muestra el vaso, y deja caer unas gotas en el suelo.)* ¡De la sangre de mi vida terrenal! *(Se arrodilla, y limpia la sangre que derramó con un pañuelo.)* ¿Quién se atreve a decir que miente el soñador? Me asomo por esta ventana que no hay, y doy nombres, pensamientos y deseos a criaturas que solamente yo veo. ¿Quién gana el pan para ellas sino yo? ¿Quién les da desasosiego, penitencia y muerte? No, no soy cruel, no he imaginado el Infierno, solamente el Purgatorio: Yo soy Arnaldo, que llora y va cantando, acuérdate de mí que soy la Pía, el nieto de Constanza emperatriz, ¡Casella mío, si nuevas leyes no te quitan memoria y uso del amoroso canto!... Paso en silencio junto a ellas, y no como el otro, con la cabeza levantada. Toda la sangre que corre por sus venas, sangre mía es. ¿Necesita de mí, cada uno de vosotros, un sueño para poder ser otro? ¿Puede resistir una ciudad, sin reducirse a polvo, el que haya en ella un donador voluntario de sueños?

La voz iba y venía, independiente de su voluntad, porque a mitad del monólogo Paulos se había transformado en espectador de sí mismo, se oía declamar, veía cómo secaba la sangre en el suelo, se asomaba por la puerta del Purgatorio, salía por la otra puerta mientras Arnau volvía lentamente «al fuoco che lo afina». Paulos no tenía bastantes huesos en la mente y en el alma para sostener la realidad personal de Paulos, y era en la acción, en la situación imaginada, donde se encontraba a sí mismo, si era preciso heroico, amante, veraz, enamorado, e incluso muerto. Mentía, porque lo inventado era más coherente con su imagen del mundo que lo real que destruía. Porque en el fondo, el más secreto impulso de Paulos era destruir.

—¿Veis? ¡Las muñecas de la infanta Berita! Dentro, nada, serrín.

Pero inmediatamente le aterraba la tierra yerma, y entonces levantaba una torre oscura en las cercanías de Milán, una torre como sólo el amor podía imaginar. El amor, que no era fuego del corazón, sino situaciones en las que, como en espejo, veía cómo se entregaba y recibía. Mentía fácilmente, pero si en un instante se pudiesen recoger todas sus mentiras, las dichas a lo largo de la jornada, nos encontraríamos con un mundo más hermoso y variado, regido por leyes poéticas y exaltadoras de un ritmo más vivaz, andante, los grandes secretos desvelados, el prodigio pronto, transmutadas las edades. Paulos corría la cortina verde, ¿verde?, quizá mejor roja, con la mano, o tirando de un cabo, o a la vez, y quedaban separados el mundo real y la escena, lo vivo y lo pintado. Ahora era cuando Paulos vivía, vestía con palabras nunca usadas las gentes y los países, se hacía nuevos rostros, inventaba gestos habituales para las escenas de reconocimiento. En la noche, bajo la luna y las estrellas, acunada por el canto del agua de su fuente, dormía la ciudad. El río nuestro daba la niebla cotidiana. Los ojos insomnes de Paulos se fijaban, en la lámina inglesa, en la forma del lucero del caballo bayo. El caballo despertaba.

—¿No nos ve nadie? ¿Nadie nos escucha?

—Nadie.

—Me llamo Aquiles. Por una debilidad en el tendón. ¿Puedo salir?

El caballo salía de la lámina y se subía a la mesa. Una de sus patas descansaba sobre el espejo que Eloísa había dejado olvidado en su última visita. Había contado en griego, para darle tono de diálogo platónico, sus amores con Abelardo.

—Paulos, escuché lo que decías a María, que cuando pusiesen un «passe-partout» y enmarcasen la lámina en la que me muestro, que mandarías que me pegasen en una tablilla, para que nunca más pudiese galopar.

—Así es.

—Permíteme, Paulos, amo y señor, relinchar una vez para ti. ¡Abre todas las ventanas!

Paulos abrió las ventanas y esperó en un rincón, con las manos dispuestas para iniciar el aplauso, el relincho de Aquiles. Esperó inútilmente. Los muchos años de sujeto de lámina le habían aplastado en demasía el pecho a Aquiles, y apenas podía acoger en sus pulmones ni la vigésima parte de lo que precisa un relincho inaugural de potro precoz. Fue una mala imitación, a escala humana, de un relincho hípico. Aquiles derramó una lágrima, y cabizbajo volvió a la lámina inglesa.

La ciudad siguió durmiendo. Nada la despertaba. Y por la mente de Paulos pasó, dolorosa, la consideración de si sus sueños serían, respecto a la milagrización de la ciudad y del mundo, lo que el feble y falso relincho del bayo Aquiles, inaudible incluso en la callada noche.

Anuncio del cometa

La primera noticia de que habría cometa aquel año, llegó desde Praga, enviada por el astrónomo del Emperador. Hacía más de cien años que el entonces Secretario de Eclipses del Consulado de la ciudad había mandado en mano seis onzas de oro a Praga para que, en el caso de que se anunciase cometa influyente, nos fuese enviado aviso, con la anticipación debida, y aclarando si el cometa era diestro o siniestro, horas de visita, y posibles influencias sobre la cosecha de vino, nacimientos, prodigios sólitos, temporales, y paz o guerra. Cuando se reunían los señores cónsules y se acordaban gastos, siempre salía uno, de la familia tortosina Capdevespre —instalada en la ciudad desde el Setecientos, cuando se rompió el monopolio de las lanas—, advirtiendo que no fuera inútil dispendio, como cuando se mandaron las seis onzas de oro a Praga por un tal Brabante, quien regresó de allá con un hermoso recibo, y casado con una viuda judía, que fue bautizada en San Miguel, y que era una señora muy delgada, la piel cerúlea, grandes ojos negros, largas pestañas, peinada a lo Cleo de Mérode, más bien entristecida, y muy limosnera. El recibo estaba, muy bien enmarcado, colgado en el testero del salón de sesiones, al lado del gran retrato ecuestre de Julio César, retrato que había sido muy discutido en su día, porque el pintor había utilizado para hacer la cabeza de César a un sargento de milicias, que decía que se le parecía, y tenía un gesto altivo y un mirar displicente, porque siendo niño había salido de duque en una comedia de Calderón de la Barca. El cuerpo de oficiales se reunió, preguntándose si no habría entre ellos, de las mejores familias, quien tuviese el perfil aquilino de César y la cabeza apepinada como el señor latino. Pero el pintor celebró una sesión literaria en la Sala de los Espejos, probando la libertad del artista en la elección de modelo, y que si le pintaba a Julio César, que quizá fue cierto que la tuvo, la cabeza apepinada, que no le cabía, pintándolo de perfil, en el vértice superior del triángulo que era la estructura geométrica del retrato. Tenía allí un cartón blanco con el triángulo trazado en negro, y con tiza verde pintó un pepino donde debía de ir la cabeza de César, y bien se veía que el pepino sobresalía de los lados. Seguidamente, en otro cartón, y con tiza roja, pintó la cabeza del sargento, y cuadraba. Uno de los lados, el que pasaba por la punta de su nariz, bajaba, abriéndose, hasta donde estaría el belfo de Primaleón, mientras el otro lado, que rozaba la vuelta del cubrenucas del casco, detenía la expansión de la cola, gentilmente curvada, del caballo. En la base del triángulo se veían el puente y el río, y Julio jinete estaba como galopando en el aire, en la que el pintor llamó "perspectiva gloriosa".

—Pero —dijo el comandante general— un bigote que disimule el sargento no va contra la geometría.

—¡Julio César no gastaba bigote! —aclaró, irritado, el profesor de Historia de los Galos.

—¡Que lo pinte a contraluz! —sugirió un barbero que había ejercido muchos años en Venecia el engomado de rizos.

La propuesta fue aceptada, y así el rostro del sargento quedó en una suave penumbra azulada, César mirando hacia la ciudad, mientras sobre la coraza se estrellan, rompen, los rayos dorados del sol poniente.

El recibo del astrónomo de Praga estaba a la derecha del retrato de César, escrito en latín, con dos sellos rojos en cera y uno en plomo, y el astrónomo se comprometía a dar el pedido aviso del cometa. Lo trajo a la ciudad un cojo —se vio que lo era cuando se apeó de su montura, una yegua eslava torda, con la crin recogida con *cintas amarillas—, que se envolvía en una capa parda. Sacó de debajo de ella una trompeta y floreó un toque, y después le dio vuelta a la capa, que por el revés era azul con vueltas de piel, escondió la trompeta en la alforja, y se presentó, explicando que la pobreza de los tiempos obligaba a aquel juego de teatro, y a ser, un correo imperial como él, trompetero de sí mismo. Añadió que el que lo enviasen a él a dar el aviso a la ciudad, que era una deferencia, porque no tenía el Emperador de Germanos mejor correo de cometas que él, ya que su cojera se le produjo precisamente a causa de la contemplación de un cometa, que por seguirle la trayectoria, astrónomo aficionado, había pintado en el suelo un círculo, con sus husos, y él giraba, siguiendo la pieza volante con un anteojo de Padua, y no se había dado cuenta de que parte del círculo lo pintara en la piedra de la terraza, y parte en el hueco de la escalera de caracol, y cuando girando llegó a este grado, quedó en el vacío, no obstante sin caer, porque se habían establecido las leyes de la gravedad entre él y el cometa. Pero aconteció que surgió una nube, rompió el equilibrio de los cuerpos, atracción y repulsión, y cayó escaleras abajo, quebrándose aquella pierna por dos partes, y en la soldadura le quedó curva.*

Los cónsules se reunieron en secreto con el correo, que se llamaba Mijaíl, que quiere decir Miguel, el cual suministró los datos solicitados, las preferencias y oposiciones del cometa, tanto en lo que se refería a cosechas y calidad de vino como a prodigios y monstruos, sequía y pedrisco, invasiones de bárbaros, apariciones de antiguos, pestes posibles, preñeces autónomas, y demás trastornos y teratologías. Los presentes juraron guardar secreto, y el apunte tomado por el joven sustituto fue guardado en un sobre, que se lacró, poniendo en la pasta, con el sello de bronce, las armas de la ciudad. Mijail no quiso beber vino, porque dijo que a lo mejor se iba de la lengua, y partió en su yegua para Occitania, donde lo esperaban, en un monte secreto, unos nietos de los cátaros, que querían saber si este cometa era o no el que anunciaba el fin del mundo. Antes de montar e irse, el tesorero de la ciudad lo llamó aparte, tras una cortina, por propinarlo con diez pesos fuertes, y Mijail agradecido le dijo lo que no osara ante los cónsules.

—En este año del cometa es muy favorable para el cuerpo el ejercicio venéreo, y debiera concederse, civil y religiosamente, facilidad para el coito, especialmente entre solteros. Pero nos lo callamos, porque si se divulgase en el pueblo bajo que las mujeres se olvidan de resistir y se dejan, especialmente una hora después del crepúsculo vespertino, iríamos al relajo, y el puterío llegaría hasta Lisboa.

El tesorero, a pesar de ser impotente a causa del azúcar que le subió en sangre y en orina por glotón de merengues de frambuesa, agradeció calurosamente al correo la buena nueva.

Al pueblo se le dijo por los cónsules, en sesiones especiales de información por barrios, que en las cosechas no habría novedad, que el vino sería medicinal como es costumbre en años de cometa y que, en cuanto a daños, había que estar atentos a nacimientos extraños, como corderos con dos cabezas, niño matemático, terneros con tres o cinco patas, y aparición de animales exóticos en los bosques, no escapados de circos alemanes. El profesor de Historia de los Galos dio una conferencia sobre el adivino Arruns, de Luca, que viene en la "Farsalia", trató de árboles felices e infelices, y de los monstruos que nacieron de la tierra sin necesidad de simiente alguna, cuando Julio César pasó el Rubicón, *dos años después de haberse detenido en el puente de la ciudad.*

Paulos le explicó a María que, en los años de cometa, los verdaderos soñadores sueñan en tecnicolor.

El redactor-jefe de sucesos extraordinarios ordenó que se diera en primera página de la "Gaceta", en un recuadro a cinco columnas, la noticia de que habría cometa aquel año, reproduciendo, además, un dibujo que venía en la revista "Alrededor del Mundo", en el que aparecía M. de Saussure subiendo al monte Rosa, precedido de un joven criado que llevaba en banderola el zurrón con la merienda. Como es sabido M. de Saussure, inventor del higrómetro, subió al monte Rosa cubriéndose con una chistera torinesa.

—¿Y qué pie le ponemos al grabado?

—"'Cometam interpres', ascendiendo a una cumbre alpina para ejercer su oficio."

—Quizá conviniese injertar alguna frase latina en el pie.

El redactor-jefe recitó, solemne, con pronunciación francesa porque había estudiado en La Sorbona, un trozo de las "Geórgicas". Se lo había aprendido de memoria para el pregón de las fiestas del paso de Julio César por la ciudad, versos que aludían a su muerte en los idus de marzo:

—"A través de la Germania se oyó un ruido de armas por toda la extensión del cielo; los Alpes temblaron con sacudidas desconocidas. Se oyó por todas partes una voz en el silencio de los bosques sagrados, una gran voz. Aparecieron fantasmas de una palidez asombrosa al acercarse las tinieblas nocturnas, y hablaron animales, inde-

cible prodigio. Se detuvieron los cursos de agua, y las tierras se entreabrieron..."

—¡Alarmaríamos al pueblo! Aunque lo diésemos en latín, no faltaría un clérigo que lo tradujese debajo de los soportales.

—¡Sin duda! Ahora basta con la ascensión del "cometam interpres", y dentro de unos días comenzamos a dar consejos higiénicos. Buscaremos una fábrica de jabones que patrocine su publicación.

—Con un retrato de señora saliendo del baño...

—Un hombro al aire, la toalla dejando ver una pierna de la rodilla para abajo...

—Quizás algo de muslo en la edición de la tarde...

—Jabones de olor, con perfume italiano...

—No, francés, resulta más picante...

—¿Se da un nombre?

—Bueno, Tórtola del Sena...

—También podíamos aprovechar para congratularnos con la oposición...

—¡Muy bien visto! De un lado, con los consejos higiénicos, contribuimos a mantener tranquilas a las gentes en año de cometa, y de otro, diciendo que nuestra hermosa bañista es "Jeannette la République"...

—La culpa es de los teatros de París, donde se llevan esos nombres...

—Que la dibujen más bien gordita, pero la pierna fina...

—Debe sonreír...

—¡Naturalmente! ¡La felicidad que produce el enjabonarse! El dibujante de letras de oro de la funeraria puede ir a inspirarse a casa de la Calabresa. Que le adelanten quince pesetas...

—¡No le bastan!

—¡Pues que las ahorre! ¡Ración de vista!

92

Pasaban tranquilos los meses, y en la ciudad y sus arrabales no acontecía nada prodigioso ni anormal, cosa alguna insólita que hiciese sospechar la influencia del cometa. Hubo algunos casos de sarampión en mayo, en las familias aristocráticas, y en julio un perro fue acusado de rabioso. Lo acorralaron los milicianos y acabaron con él de cuatro tiros. No se supo que hubiese mordido a nadie, pero al cabo de dos o tres semanas rabió una cabra. Entraba en las casas, si veía las puertas abiertas, y subía hasta el tejado, si podía, y si no, bajaba veloz buscando otra puerta abierta. Era suiza, y tenía los cuernos largos y puntiagudos. Se ensañó con otra cabra, derribándola, y desgarrando en ella. También la mataron los milicianos. Corría como loca de aquí para allá en la terraza de un rico, un almacenista de granos, y en la loca carrera había enganchado con los cuernos la cuerda en que se secaba la ropa interior de la familia. La cabra, al sentirse herida, brincó y vino a estrellarse en el patio, al lado de los sacos de trigo ruso, envuelta en la ropa interior susodicha. Corrió la hija del almacenista a rescatar la suya, sostenes, dos cubrecorsés y unos pantalones de encaje, con bordadas florecillas azules. El cabo Solito la detuvo en la huida, diciéndole que si cualquiera de aquellas prendas llevaba mancha de sangre o de saliva de la cabra, que había que destruirla, o ponerla en salmuera, que tal lo mandaba la Sanidad. La hija del almacenista, ruborizada, apretaba la ropa contra el pecho. Al fin, accedió a la inspección del cabo, con tal de que se hiciese con la debida reserva. Ella era una morenucha gordezuela, levantada de pecho, muy movediza, al tanto de los cuplés de moda, cantándolos asomada a la ventana, mientras se peinaba, acodándose en ella para mostrar el nacimiento del pecho, las trenzas poniendo acentos negros en las oes del letrero que avisaba que aquélla era la casa de Tito Ricote, granos de Rusia. El almacenista estimó que había sido violada la intimidad de su hija, y era verdad que en toda la ciudad no se hablaba de otra cosa más que de los pantalones de encaje de Rosita, la hija del almacenista Ricote, y de las florecillas azules, y que si el pantalón era regalo de un pretendiente que tenía, de la nobleza campesina.

—Si es regalo de un pretendiente, no lo será de un noble campesino, sino de un noble urbano. ¡Se acaban las grandes familias! —aseguraba una viuda de los Ursinos.

—Ahora la gente viaja —comentaba la madre del cónsul segundo.

Ricote decidió que su hija hiciese penitencia, y la metió en un convento, por un año, vestida a lo pobre, pero a los seis meses la niña se fugó con el cabo Solito, quien le escribía ternuras, le pedía perdón por su indelicadeza, y se ofrecía a reparar la falta con casorio. Ricote fue a buscar la pareja a una cabaña de la Selva, y tuvo que callar; se celebró la boda, y al día siguiente, en la terraza de la locura de la cabra, a la hora en que los panaderos iban a recoger los sacos de trigo, apareció el cabo Solito, y colgó de la cuerda más alta del tendedero los pantalones de encaje, con las florecillas azules, de Rosita, en las que lucían tres manchas de sangre. La gente comentaba de la virginidad de Rosita, y se preguntaba cómo se habría arreglado para la inauguración el cabo Solito, sin quitarle los famosos pantalones a la novia. A Solito lo echaron de las milicias, y ayudaba a Ricote en el almacén. Pidió permiso, y lo obtuvo, para ponerse el uniforme de gala los días de fiesta. Pero ésta es otra historia, que va mucho más allá del año del cometa. En lo que toca a la cabra, se aclaró que había sido mordida por el perro, y que el cometa no entraba para nada en el asunto. Además, que en aquel ínterin, todavía no lo veían las señoras desde las solanas con los gemelos de teatro, cuanto más las cabras sin ellos.

Algunos clientes de la taberna del Pelado se consultaban entre sí, paladeando el tinto.

—¿No nota usted una leve mejoría, señor capitán?

—¡Será que acabó frío este mayo!

—¿No podría ser la proximidad del cometa?

El Pelado vendía más vino que de costumbre, porque se había propalado la mejoría del tinto. Acudió un catador oficial, un tipo alto y sonrosado, rubio, los claros ojos alegres, que habiendo sido especialista en el muscadet bretón, más tarde se hizo omnibíbero. Paseó por la taberna dando palmadas en el vientre de las pipas, contando de los vinos que bebiera en su juventud, y en provincias.

—¡Por si resulta que alguno de los tuyos es pariente de aquéllos! —le comentaba al Pelado.

Éste lo que quería, en su malicia comercial, era que el catador, que se llamaba Hermógenes, dijera que los vinos suyos los influía el cometa.

El catador canturreaba, apoyándose en las pipas, diciendo que para aquel vino tan honesto le trajesen el vaso más fino.

—¡Hay que conciliarse con estos delicados! —le decía al oído al capitán.

Por fin, dio por terminada su presentación a los vinos, y bebió. Bebió en silencio, entrecerrando los ojos. Paladeó, dejó el vaso en el suelo, se metió los índices en las orejas, y parecía que escuchaba algo dentro de sí, el trotecillo del vino por su cuerpo, o alguna voz.

95

—¡Estos vinos no están en su cadencia natural! —sentenció.

—¿El cometa? —inquiría ansioso el Pelado.

—¡Más que posible!

El Pelado se frotaba las manos. Pidió a los cónsules que le sellaran las pipas, y despachaba de la abillada a vasitos, incluso a la más antigua clientela. Solamente el capitán se llevaba un cuartillo para su casa, para compartirlo con su mujer, a la cual, con el vino mejorado, le volvió la regla que se le había ido, y quedó embarazada. ¡Ah, el cometa! De aquí en adelante comenzaron a aparecer otros signos, y la gente, casi sin darse cuenta, se adentraba en un clima de expectaciones. El capitán discutía con el canónigo magistral.

—¡Atengámonos a don Ambrosio Paré! Pinte usted en el vientre de su señora esposa una espiral, para facilitar la salida del fruto.

—¡Primeriza a los cincuenta! —subrayaba el capitán, meneando la cabeza.

—Es que el fruto puede nacer con cuernos, o con maza y piloso por el vientre, tanto que el pelo le cubra las partes, con una maza como el as de bastos. Lo de los cuernos no tiene importancia, que se le afeitan, y la maza se manda al Museo, para perpetua memoria de la cosa, "perpetuam rei memoriam". ¡Píntele la espiral con tinta negra indeleble, para que no padezca con los baños!

—¿Puede salir otra cosa?

—¡Los cometas son imprevisibles! ¡Lo mismo sale una bola de sebo, parlante, como en Bohemia de una campesina, el año de sesenta y dos! Cuando acabó el aire que traía dentro, dejó de hablar. Le insuflaron con una cánula más aire, y habló otra vez, no más que para decir adiós. ¡Se le había acabado la cuerda! Lo bautizaron *"sub conditione"*, y en el bautizo, ya muerto, giró sobre sí mismo, muestra patente de que le había aprovechado.

Un día de agosto, a las tres de la tarde, comenzó a llover, y las gotas de agua, no bien llegaban al suelo, rebotaban como pelota y volvían al aire, a la altura de los tejados, donde formaban transparentes nubes carmesíes. Los cónsules llamaron a los astrólogos. Comenzaba, verdaderamente, el año del cometa.

I

Paulos firmó la instancia dirigida a los Excelentísimos Señores Cónsules Patentados de la Ciudad. Dudó si escribirla en latín o en el idioma urbano oficial, y al fin se decidió por este último. Solicitaba que le fuese concedido el ingreso en el Colegio de Astrólogos, atendiendo a los estudios realizados en Milán, en la Academia Sforzesca, ocupando la vacante del horoscopista Severo López, quien por nombre de oficio tenía el de Lupino Aleálogo, Lupino por el «lupus» que esconde el López, y Aleálogo por un tratado en dos tomos en el que dilucidaba en qué tipo de suerte o dado podía estar pensando César cuando pasó el Rubicón y dijo aquello de «alea iacta est». En los últimos años de su vida, Lupino estaba lo más del tiempo de vacaciones, y se limitaba a hacer cada trimestre el horóscopo de los verracos de las paradas. Los paradistas le pagaban con unas libras de tocino, y una cesta de higos en su tiempo, que era muy del país el tener en las paradas dos o tres higueras para que se pusiesen a su sombra las cerdas que llevaban al padre. Se estimaba què las beneficiaba. Paulos Liberado, pupilo de Fagildo, de ser admitido se llamaría simplemente, en el ejercicio de la plaza, Paulos Expectante. Paulos alegaba su experiencia infantil de las estrellas, método griego, por ejemplo, relación entre la navegación y las Pléyades, si matutinas o vespertinas, la Rubia y las cosechas, Aldebarán y los suicidios, etc., y más tarde estudios de «haruspicini et fulgurales et rituales libri», con su tutor Fagildo, y ya en la Academia Sforzesca, disertaciones sobre la fúlgura entre los etruscos, de alfitomancia, sobre el cometa del año cuarenta y cuatro antes de Cristo, décimo y último siglo de los etruscos; sobre lo que Plinio el Viejo en «Hist. Nat.», II, 140, cuenta de Porsena, rey taumaturgo, quien suscitó un rayo contra el monstruo Volta, que depredaba en Volsinios, y finalmente una tesis, «maxime cum laude», sobre el buey que en el año 192 a. C., bajo el cónsul Cn. Domitii, habló y dijo: «Roma, cave tibi», «Roma, cúidate». Animales como éstos, que habían hablado y sus palabras habían sido escuchadas distintamente por varios testigos, eran conservados preciosamente, y nutridos a costa de la República, pues se estimaba que tenían algo divino en su naturaleza. Finalmente Paulos aludía a su conocimiento de hierbas medicinales, y a la amistad suya con diversos mánticos de lejanos países, a los que había visitado en sus islas, y con los que había hablado, especialmente de las profecías de san Malaquías y las de Nostradamus.

A la misma plaza de Lupino Aleálogo aspiraba un racionero de la Basílica, quien decía haber encontrado en la bóveda del claustro de su iglesia unas piedras rosadas, colocadas a espacios irregulares y siempre en combinación con otras piedras suavemente azuladas, y que después de largos estudios había caído en que no era casual la colocación románica de las susodichas piedras, sino bien adrede, y para que en su día fuese leído en ellas un secreto que atañía al futuro de la ciudad. Él había llegado a leer, por —.——..—.———..——, es decir, método telegráfico morse. Precisamente, comunicaba que se titularía en el oficio Morsenius Videns. El profesor de Historia de los Galos y Gentes de Dudoso Origen, miembro del jurado que estudiaba las instancias a la plaza de Lupino, planteó una excepción que exigía una investigación profunda del que ya se llamaba en el casino, en las barberías y en las tertulias, «el secreto de la bóveda». Pues si estaba el secreto en morse, esto suponía que el maestro Froila, constructor del claustro en el siglo XII, se había adelantado en siete siglos a su tiempo, y era él el inventor del lenguaje telegráfico, y del telégrafo mismo, aparte del conocimiento de la energía eléctrica. Aceptada la excepción, como los cónsules querían completo el Colegio de Astrólogos para el momento de la presencia en el cielo, sobre la ciudad, del cometa, el racionero quedó fuera, y Paulos Expectante fue admitido al sillón de Lupino Aleálogo por unanimidad. El racionero hizo a su cuenta un andamio con ruedas, y subido a él paseaba por el claustro, empujado el ingenio por dos monaguillos. En tres meses de sesión continua había logrado leer «sicut», ayudado por el repartidor de telegramas de la ciudad, que había aprendido el alfabeto morse por libre.

Los padres de María decidieron recibir a Paulos, que ahora ya tenía oficio remunerado, figuraba en el escalafón, y en su día tendría jubilación, y si moría, le quedaba a María la viudedad reglamentaria. Los padres de María vivían en la plaza, en una casa con cinco balcones y una enredadera que llegaba hasta el alero del tejado, una enredadera de grandes hojas rojas en los primeros días del otoño. Le abrió la puerta la anciana criada Clotilde y lo guió hasta el salón. Habían quitado las fundas a las sillas tapizadas de raso color piel de pera, y junto al balcón, en un sillón, hacía que bordaba la madre de María, y tras ella el padre, de chaqué, se apoyaba con una mano en el respaldo, como si fueran a fotografiarlo, mientras que en la otra sostenía un cuadrado sobre blanco. Paulos fue presentado por su nombre de astrólogo, por la voz tímida, y en la ocasión ronquezuela, de María. El padre hizo una leve inclinación de cabeza; la madre se quitó los lentes y suspendió el bordado. Posó el bastidor a su lado, en el suelo, tras clavar en el acerico que colgaba del aro las agujas con sus hilos de diferente color. María, nerviosa, no sabía cómo romper el silencio. Se sentó en el taburete del piano y anunció otra vez:

—¡Éste es Paulos Expectante!

Le hubiese gustado atreverse a girar en el taburete y enfrentarse con el teclado, pulsando con fuerza algo «allegro, allegrissimo», tan súbito y enloquecedor que obligase a todos a bailar. Paulos la miraba como si la viese por primera vez, y le parecía que se había sentado en el aire, moviendo sus pequeños pies, calzados con calcetines blancos y zapatos de charol.

—Soy Paulos, muy señores míos, y amo a María desde la más tierna infancia. Cuando viajé a Milán, ya llevaba conmigo su imagen en un pequeño espejo encantado. En Irlanda, en las pequeñas lagunas que se forman en las fuentes, al pie de las colinas, después de beber dejaba aquietarse el agua, y se me aparecía María sonriendo, como formando parte del agua misma que yo necesitaba para apagar mi sed. Ya me conocían las perdices y no huían cuando me acercaba a beber. Una mañana de mayo, después de mí, bebió toda una pollada, y al beber se llevaron en sus picos la imagen de María. Tuvo que reñirles a los perdigones la madre, y obligarles a volver del brezal a la fuente, y cada uno restituyó el pedacito de María que se había llevado. Las otras perdices madres acudieron a contemplarla, y se posaron en mis hombros.

—¡Muy romántico! —dijo una voz emocionada desde la puerta.

Era tía Eudoxia, quien acudía a la presentación del pretendiente, con la jaula del canario flauta en las manos.

—¡Eudoxia, no dejes de vigilar las manzanas que están

102

en el horno! —le gritaba la madre de María, colorada como un pimiento, abanicándose furiosa.

—¡Nunca creí que en la presentación de un pretendiente se escuchasen cosas tan hermosas!

Eudoxia hizo una reverencia de corte, y se retiró con el canario. Desde más allá de la puerta del salón, desde el fondo del pasillo, venía ahora el canto de éste, muy modulado, la frase balanceándose en el aire antes de que surgiese, como una saeta de oro, el trino, el larguísimo trino.

—¡Es tía Eudoxia! —explicó María.

—Viuda de un marino, la recogimos por caridad. ¡Todo antes de que se dedicase al teatro! —dijo la madre, tapándose el rostro con el abanico.

—Una cosa es salir de ángel o de peregrina en una procesión, o hacer el papel de pastora en un pesebre de Navidad, y otra recitar diálogos amorosos en las tablas, enseñándolo todo —dijo el padre, ofreciéndole una silla a Paulos.

—¡Las hijas del rey Lear no enseñaban nada! —aseguró María.

—¡Habla tu padre!

Se sentó a su vez, al lado de su mujer, y se alisó con cuidado, con ambas manos, la barba recortada. La cabeza era muy grande para su cuerpo, y los brazos en demasía cortos —el mismo distingo que da Lavater, fisonomista, para las familias de los burócratas de la Hansa.

—Nosotros —le explicaba a Paulos—, desde hace siete generaciones, nos dedicamos al comercio del lino y del cáñamo en el Báltico. ¡Tenemos crédito en Tilsit!

—Mi familia —dijo Paulos— nunca se dedicó a nada, especialmente. Mi abuelo, que era muy amigo del mariscal Bernadotte, se pasaba lo más del año criando la cesta de caracoles que le enviaba por su cumpleaños. Mi padre, del que nada recuerdo, fue cazador. De mi tío y tutor Fagildo, ya han oído hablar. Mi madre, sonreía. Desde Viena le mandaban recados de que fuese allá, a enseñar la sonrisa a las archiduquesas. No, una sonrisa cualquiera no, una sonrisa que nace de la boca entreabierta, y se queda en el aire, visible, iluminando…

—¿La sonrisa de la Gioconda? —preguntaba desde el pasillo la voz curiosa de tía Eudoxia, quien había logrado atender a un tiempo a las manzanas en el horno y a la presentación del pretendiente.

—No, algo tan eterno, pero mucho más hermoso, tibio y acariciador.

—¡Ay!

—Pero, usted tiene fortuna.

—Acciones de la Compañía de Indias. Cobro los réditos el día de San Andrés Apóstol. Me los paga puntualmente el tesorero de la Compañía en Ruán, en un banco que pone en el puente que llaman Matilde.

—¿Va usted a cobrar personalmente?

—No. Desde el mismo puente me manda un pagaré que aceptan todos los banqueros de la ciudad. Lo único que exijo es que el pagaré venga en una cartera de cuero, y perfumado. Por ejemplo, si en la estación se dio bien la canela, con canela, y si se dio bien el té, con té. Hace cuatro años, estando yo en Milán como pupilo del signor Calamatti, del Scala, se produjo en el ducado la escasez de canela. ¡Hubo quien la falsificó con huesos de ciertas frutas silvestres o con tripas secas de pájaros emigrantes, cazados cuando venían del sur, y que se sospechaba habían comido mosquitos que se endulzaban en los cinamonos! Pues yo abría la cartera del pagaré del año anterior, que fuera bisiesto, y cuando la cocinera del signor Calamatti hacía arroz con leche, la colgábamos al vapor sobre la tartera, y el arroz sabía como si le hubiesen echado canela en rama y aun espolvoreado después con canela molida. De vez en cuando, prestaba yo la cartera para la cocina del duque Galeazzo Visconti, y los convidados, que eran de todas las casas reales, se preguntaban de dónde habría sacado Su Excelencia la canela aquella.

—¿Cuánto cobraba por hora de uso de la cartera? —preguntó el padre de María, sacando lápiz tinta del chaleco, y dispuesto a echar la cuenta en el sobre blanco. Dos veces mojó la punta del lápiz en la boca.

—Nada, porque el duque me prestaba a cambio sus palomas mensajeras, que yo enviaba hasta los balcones de esta casa, a que dejasen caer de su pico violetas y pensamientos en el regazo de María.

—Se pudo aprovechar el viaje de regreso de las palomas, para los que quisiesen mandar una noticia urgente a Milán, a real la letra.

El padre de María reconvenía a ésta con la mirada. Sosteniendo el sobre blanco con las dos manos, se dirigía ahora a Paulos.

—En vísperas de matrimonio, lo primero que tiene usted que aprender es a no despilfarrar. La virtud del ahorro es una virtud medicinal. ¡María, destapa la dote!

María corrió hacia la mesa redonda, y quitó el paño blanco que tapaba la dote. Paulos, sin mirar las cuatro pilas de monedas de oro y las ocho de monedas de plata, la volvió a tapar.

—¡No debía haber hecho usted eso! —exclamó Paulos.

—¿Por qué? ¡La dote está bien contada! ¡La conté siete veces! ¡Dinero ganado honestamente con el tráfico del lino y del cáñamo! ¡Nunca se pasó del veinte por ciento! ¡Lo pueden atestiguar en Tilsit! Un tipo de nariz colorada que pasó por aquí en tiempos de mi abuelo, ese que está ahí retratado con monóculo porque se había casado con una portuguesa, se detuvo a la puerta del escritorio y gritó que sobornábamos a los subastadores para que nos mandasen la mejor mercancía. Después se supo que era de Burdeos, importador quebrado, y que corría la Europa insultando a los competidores. Fue detenido en Londres por la policía, sospechoso de que unas faldas de lino dulce que quería venderle a la reina Victoria tenían fulminante. La nariz era postiza, de cartón piedra, que le había prometido a su mujer que no sería reconocido en su viaje de protesta. ¡Único soborno, el pago al contado!

El padre de María avanzaba hacia la mesa dispuesto a destapar la dote. La mesa era redonda, la tabla de caoba, y el pie, un bloque que terminaba en tres patas curvas que figuraban cabezas de leones, de negra madera de Guinea. La habían colocado arrimada a la pared, debajo de los retratos de los antepasados, del abuelo del monóculo, de otro abuelo de la barba rubia, de la tía Casimira Modesta que daba por olfato la humedad de los fardos del cáñamo, del abuelo pensativo que apoyaba el codo en la chistera que estaba sobre la mesa —la misma mesa en la que ahora estaba depositada la dote—, y la sien en los finos dedos de la mano, inclinándose melancólica. Toda la pared estaba cubierta con los retratos, que apenas permitían ver las flores rojas del empapelado. Sobre la mesa, al lado de los montoncitos de monedas de la dote, el padre de María había colocado un quinqué de gas, el pie de plata y el vaso de la llama de cristal de Murano en forma de tulipán. Había pensado, cuando María destapase la dote, acercarse y encender el quinqué, que iluminaría las monedas, y así le mostraría a aquel viajero despilfarrador el resplandor del dinero. La mano del padre de María fue interrumpida en su viaje hacia el mantelillo de terciopelo rojo, que cubría la dote, por la mano de Paulos.

—¡Estoy en mi casa!

La mano del padre de María era una mano pequeña, pilosa, húmeda, fría.

—¡Escúcheme, por favor, futuro suegro!

Paulos se había colocado entre el padre y la mesa. Miraba para María, que había vuelto a sentarse en el taburete giratorio, ante el piano.

—¡Han olvidado ustedes la proximidad del cometa! ¡Los cometas patrocinan las transmutaciones, lo que se sabe desde Cleopatra a Paracelso y el conde Bálsamo! ¡No, no pongamos en peligro a María! Imaginen por un momento que su futuro yerno es un apetecido del oro y de la plata, y que al mostrarle la rica dote no puede resistir la tentación de acariciarla. Y acariciada la dote, contadas las monedas con el pretexto de ver si son todas de la misma emisión, o va entre ellas una rara de Carolus, efigie occidental, o un peso del Perú, o un tálero de María Teresa, se acerca a María, diciendo que por hacerse con aquella dulce sonrisa, aquel sedoso cabello dorado, la tibieza de aquellas manos, y si ustedes no se escandalizan, con sus besos, no le importa la dote. Hay gentes suasorias. Yo asistí en Verona al encuentro entre Romeo y Julieta, en el baile que daban por añinuevo los Capuleto. ¡Veintisiete palabras no más necesitó Romeo para que Julieta se dejase besar en la boca! ¡Véanlo en Shakespeare! Yo, diciendo lo de la sonrisa, lo del cabello, lo del amor de las manos y los besos, me acerco a María y la toco. ¡Pongo mis manos que vienen del oro y de la plata en sus hombros, en sus mejillas, y mis labios en sus labios! Y el cometa, en aquel momento, hace su oficio de ayuda transmutoria pneumática, y María deja de ser esa niña que se balancea en el aire y pasa a ser muñeca de plata sobredorada. Yo me retiraría en silencio, sollozando. A ustedes les quedaba, después de todo, y pese a la desgracia, el consuelo de una obra única de celestial orfebrería. No habiendo tocado ni el oro ni la plata, puedo acercarme sonriente a María…

Se acercaba. María, como siempre que Paulos le contaba historias en las que entraba la dulzura alegre de su amor, se descalzaba nerviosa, dejaba caer al suelo los zapatos de charol, se quitaba los calcetines, entregaba los pies desnudos a las manos de Paulos, quien había inventado que las princesas de Chipre recibían así a sus amantes, cuando regresaban de sus navegaciones a las Fortunatae Insulae. Y se besaron.

—¡El éxtasis! —exclamó la voz emocionada de Eudoxia desde el pasillo.

El padre de María puso sus dos manos sobre el mantelillo que tapaba la dote, y la madre se echó a llorar.

Paulos tomó en sus brazos a María, y Eudoxia sostendría hasta el final de sus días que salieron por la ventana, en vuelo, y no por la puerta, andando. La madre de María, resucitando en sus corazón algún sueño de juventud, entremezclaba risas con su lloro.

—¡Serán muy felices! —dijo al fin, más suspiro que voz. Y se desmayó. El padre recogía la dote en una caja de lata que había contenido jalea de membrillo.

—¡No tendrá la desfachatez de pedir la dote después de esta broma!

Eudoxia, olvidada de las manzanas que se asaban en el horno, corría tras los novios para darle a María los zapatos de charol y los calcetines. Es decir, volaba sobre los naranjos de los huertos, y se posaba en las chimeneas para averiguar por dónde huían los amantes.

II

El cómico Policarpos solicitaba permiso de los Cónsules para representar una pieza con monstruos y fuegos artificiales el día de la fiesta de los santos Cosme y Damián, los anárgiros. Aparecería su hija Filomena disfrazada de cometa, con una larga cola de azulado tul, colgada en el medio y medio del escenario, y su presencia obligaba a la entrada de monstruos en escena. Se veía que entraba la Peste, una mujer vestida de negro y que hablaba por señas y obraba, porque los monstruos cambiaban de color, llegaban al rojo vivo y morían. Finalmente, aparecían Cosme y Damián sonriendo a la concurrencia, hisopando las tablas, obligando a huir a la Peste —que la enganchaba por una argolla, que tenía el cinturón un anzuelo fenicio que bajaba desde el techo—, y finalmente los hermanos médicos tirarían caramelos a los niños, mientras los monstruos, que habían sido recogidos en un carro por los barrenderos municipales, estaballaban en serpentinas, palmeras, lluvia de oro, dama de Valencia, jardines colgantes de Babilonia y pompas de jabón. El cometa, por el alambre, avanzaba hasta el centro del teatro, y dejaba caer flores. En el programa se pediría disculpa porque el cometa tuviese que pasear por el alambre con sombrilla, pero «la eminente actriz Filomena», desde el célebre y triste suceso de su violación en Polonia, que tanta fama le había dado en todas las Cortes europeas y americanas, no guardaba el equilibrio en los giros si no llevaba sombrilla para ayudarse. La sombrilla aparecería iluminada.

Policarpos, de pie a la cabecera de la mesa a la que se sentaban los cónsules regidores de turno y los representantes del Colegio de Astrólogos, que por ley intervenían con voz y voto en todo lo que se refiriera al cometa, abrió la sombrilla florentina de Filomena, y mostraba los soportes de latón en los que irían las velas. Imitó a su hija, deslizándose como por alambre encerado hasta la puerta, girando, me caigo no me caigo, levantando la sombrilla, balanceándola suavemente, de modo que no se apagasen las velas.

—¡Una verdadera apoteósis! —dijo.

Se secó el sudor, y pidió permiso para sentarse.

—¡Una función original de Policarpos! —afirmó.

—La ciudad tiene la palabra —dijo el cónsul más anciano.

Se levantó el primer regidor, carraspeó, abrió su carpeta, esparció negligente unos papeles sobre la mesa, los recogió, los guardó en la carpeta, se quitó un hilo blanco de la manga derecha de la levita.

—La ciudad, nuestra ciudad, se encuentra ante un grave dilema. ¡Un dilema!

Apoyó las dos manos en la mesa, y uno a uno escrutó los rostros de los asistentes.

—¡Un dilema! ¿Vamos a mantener el respeto tradicional por los cometas, o vamos a hacer de su aparición una fiesta? ¡Ésta es la opción ante la que nos encontramos! Porque hayan transcurrido cometas anteriores sin daño para la ciudad, ¿vamos a dar por hecho que el de este año será un pasatiempo celestial? ¡No hay signos!, se dice por ahí. Y yo mismo me sonrío cuando me dan por señal de que se anuncian prodigios, o lo son ya, la mejoría del vino en cierta taberna, o que ha quedado preñada la mujer de un oficial superior de las milicias. Se me asegura que hay señales más secretas, y que algunos de ustedes, señores astrólogos patentados, las están recogiendo. Si las señales de una grave influencia del paso del cometa en los públicos asuntos, en la vida y sanidad de la ciudad, en su libertad y su riqueza, son ciertas, han de ser expuestas ante nosotros. ¡Política es prevenir! ¡Ah, Cicerón! «La República descansa en la concordia y en los augurios.» ¡Podía decirlo en latín! ¡Prevenir para no tener que lamentar! Y no excluyo el que, llegado un momento dado, para descarga de la expectación y terror del pueblo, si señales de catástrofe se propalan, se represente la pieza de Policarpos. ¡Ah, la tragedia griega! Contemplando cómo Edipo mataba a su señor padre y se acostaba con la viuda, que era su madre, los helenos se purificaban y dormían a pierna suelta. ¡Está en Aristóteles! ¡La catarsis! ¡También podía decirlo en griego, especialmente dos hexámetros que alaban la blancura de las piernas de Iocasta! ¡Recuerdo, quizá, de una atolondrada juventud escolástica! ¡Unas piernas blancas!

Sonrió, perdonándose a sí mismo aquel pecadillo de mocedad, la memoria de aquella turbación que produjeron en su espíritu las piernas blancas y redondas de Iocasta en un vaso, blanco sobre ocre, y los versos que decían su belleza. Era el inconveniente del estudio del griego por menores sentimentales. ¡Aquel compañero suyo, que le llamaban el Pecoso, que era de los Marini della Marina, y decía descender de Poseidón, y se ahogó en el mar de Liguria empeñado en demostrar, un día de tramontana, que eran cabalgables los caballos espumeantes de su abuelo!

—¡Prevenir, repito, para no tener que lamentar! ¡He dicho!

Se sentó, y de un bolsillo interior de la levita sacó un pequeño abanico redondo, y se dio aire. Hacía calor en aquel veranillo de los membrillos, en aquella sala redonda, con todas las ventanas cerradas, los rojos corti-

111

nones corridos, la reunión iluminada por los quinqués, uno por asistente, excepto Policarpos, que no era de tabla.

El presidente de edad fue sorprendido chupando un caramelo de café y leche por la brevedad del discurso del primer regidor. Entre la cita de Cicerón y el final de su discurso se explayaba con Maquiavelo y Mirabeau, aludía a la conveniencia de modificar las leyes electorales, daba las últimas noticias del Vesubio, alababa la benignidad del clima de la ciudad, y recordaba a su abuelo Cristóbal, enfermo de la viruela repentina en Marsella, levantándose de cama, vistiendo las más ricas ropas, y yendo a entregarse prisionero a los vénetos, precedido a prudencial distancia por un paje con bandera blanca. Los vénetos desenfundaron sus barbas, se pusieron los cascos de plata, se perfumaron con pachulí y formaron en círculo en un prado, tras expulsar a las vacas que allí pacían, pacíficas y lecheras. El jefe de protocolo leía apresuradamente, en el texto de honores y cortesías, lo que estaba ordenado para la rendición del embajador de la potencia enemiga. No había nada previsto. El libro terminaba con el procedimiento para aceptar la rendición del arzobispo-príncipe de Maguncia.

—¡Se le aplica este texto por antonomasia!

—¡Dirá usted por correspondencia!

—¡Asimilamos, señores, asimilamos!

El primer regidor siempre se entretenía un poco en esta disputa lexical de los vénetos, para volver al relato del sacrificio de su abuelo Cristóbal, avanzando hacia los vénetos con su viruela, su fiebre, venciendo el vértigo, sujetándose con ambas manos la cabeza para que dejase de girar el mundo a su alrededor. Tendía las manos a los jefes enemigos, que se las besaban, compadeciéndose

112

de aquel anciano, obligado a tan triste rendición. Lo de anciano no era verdad, que era un hombre de treinta y dos cumplidos por San Martín, pero se había disfrazado con la peluca blanca del más anciano de los focenses. Al estrechar las manos del jefe de la caballería, cayó redondo al suelo. Los vénetos gritaban que le había fallado el corazón, y se disponían a ofrecer una tregua. Depositaron el cadáver de Cristóbal sobre tres de los más nobles escudos, y se retiraron a un banquete funeral. Estando en éste, les vino la viruela repentina, se llenaron por las partes pudendas de manchas azules, y sobrepasaron los grados de fiebre que registra la piedra serpentina. La peste desbandó la armada véneta, y los marselleses, empapados en «eau-de-vie» de La Charenta, fueron a recoger el cuerpo del héroe Cristóbal, y lo enterraron, como él había pedido antes de marchar a su fingida rendición, en lo alto de una colina, entre cipreses, la tumba orientada al N.-NW., con dos agujeros en la cabecera de la piedra mármol, por si algún día vientos, inconstantes amigos, le traían la dulzura del aroma de la ciudad natal.

—Por cierto, honorables colegas, ilustres cónsules, que aún no ha sido convocado el concurso poético de cinco sonetos con estrambote que nos digan el aroma profundo de la ciudad.

De la ciudad que, en aquel momento, olía a membrillo. En todas las casas se estaba haciendo pasta y jalea, y María pesaba el azúcar y le pasaba las tazas llenas de él a su madre, quien sudaba batiendo.

El presidente de edad se tragó lo que quedaba del caramelo de café y leche. Lo chupaba muy bien, haciéndolo girar sobre la muela postiza de la izquierda, redondeándolo, y cuando lo lograba esférico, lo pasaba a los dientes, y allí le daba forma de huso; luego, con la lengua lo sujetaba al paladar, y lo iba lamiendo a pocos, hasta que le daba fin.

—¡Que se retire Policarpos! —dijo—. ¡Ya ves el interés con que tomamos tu propuesta! ¡Lo más seguro es que haya que tranquilizar al pueblo! ¡Contamos contigo!

—¡Haría falta un adelanto para la pólvora, el azufre, el clorato de potasa! ¡Las damas de Valencia y los pollos bomba no se improvisan!

—¡Habla con el tesorero! Adelanto, sí, pero el material ha de ser depositado en el pabellón de bomberos voluntarios.

Policarpos se retiró haciendo reverencias, bajo el brazo derecho la sombrilla de la funámbula de su niña, violada en Polonia. Fueron unos sobrinos de los Jagellones de Lituania, que estudiaban teología en Vilna. Filomena representaba una pantomima que se titulaba «Las Indias Occidentales», y bailaba un zapateado corrido levantando la falda, enseñando las piernas, el todo muy meneado, y había un giro final, marchándose de espaldas, balanceando el pompis, que fue lo que desató a los Jagellones, descendientes como es sabido, por parte de madre, del uro primogénito de la selva europea. Ella volvía la cabeza, cantando, sonriente, incitadora, aquello de

que lo pueden zapatiar
tanto el chino como el gringo,

cuando los Jagellones, que eran siete, se quitaron el ropón escolar sin mangas, y subieron al escenario. El público polaco, que ya había hecho dos meriendas de entreacto, y estaba algo bebido, creyó que aquello formaba parte del espectáculo, y ni se movió cuando los Jage-

114

llones pusieron panza arriba, con las piernas abiertas, a Filomena, vestida de musa de las Indias Occidentales. Más bien los asistentes, que eran todos de pago, encontraron aburrida aquella parte de la función, por toda música los mugidos taurinos de los Jagellones. Fue una solterona, una tal condesa Bersaniszka, que usaba impertinentes, la que se dio cuenta de lo que estaba sucediendo en tablas. Puesta en pie sobre el asiento, gritaba:

—¡Violación! ¡Violación!

Intervino la Policía de Costumbres, y los Jagellones hubieron de batirse en retirada, mugiendo, fingiendo una estampida, como la que se ve en los rebaños vacunos en las películas del Oeste americano. («De aquí vino la creencia, todavía vigente entre escandinavos, de que Filomena había sido violada por una manada de uros. En Upsala, en la cátedra de "Instrospección espiritual y análisis de estados de ánimo", fueron frecuentes, durante algún tiempo, los ejercicios en los que los alumnos de la segunda parte de la asignatura, en los temas llamados de "confesión atrabiliaria", declaraban sentirse urobovis en el momento del acto sexual. La divulgación de estos secretos por la prensa amarilla y del corazón, puso de moda entre suecos, godos, vándalos y alanos, el hacer con mugidos bóvidos proposiciones deshonestas.» Pese a haber sido declarada la pieza de «interés folklórico-geográfico», fue prohibida la representación, en Varsovia y en toda la Polonia austríaca, de «Las Indias Occidentales».

El presidente de edad desenvolvía lentamente otro caramelo de café y leche. El bedel ofrecía a los asistentes vasos de agua en los que flotaban azucarillos de espuma de la botillería «La Veneciana».

—¿Está alguno de los señores astrólogos en condiciones de explicar al Consulado las señales secretas de la influencia del cometa que han ido recogiendo desde la llegada del aviso del astrónomo imperial de Praga?

En el silencio que siguió a la pregunta del señor presidente de edad, quien en la punta de los dedos mantenía a la altura de la boca el caramelo de café y leche, se escuchó el bordoneo de un moscón que se había colado en el salón de sesiones. El bedel lo persiguió con la mano de rejilla, y lo aplastó en el cristal del mapa del Imperio. Se volvió hacia el presidente de edad, el cual sonrió y metió el caramelo en la boca.

Se levantó Paulos Expectante. Inclinó la cabeza, saludando al presidente y los señores cónsules, y la volvió a inclinar, saludando ahora a sus compañeros de arte astrológica. Tenía la mano en el ancho vaso de cristal de roca, en el que flotaba, en agua fresquísima del pozo del Regimiento, que empañaba el cristal, el iceberg de azúcar, fruto exquisito del obrador de «La Valenciana». Por un momento le pasó por el magín la imagen de la hija mayor, la soltera, que la había visto aquella misma mañana atravesando la plaza. Se pintaba los párpados con azul celeste, y sonreía apresurando el paso, volviendo la cabeza a ver si era seguida. Se sujetaba a la cabeza un pañuelo azul con cuatro grandes agujas.

—¡Es, ahora mismo, moda en Venecia! —decía cuando estrenaba insólito atuendo.

Estaba de muy buen ver, rolliza, el pecho redondo, las caderas inquietas, las piernas finas, quizás en demasía.

—¡Las venecianas fallan por la caña! —dijo el salchichero suizo del Arrabal, que fue a verla unos meses después de quedar viudo, quien además del frío solitario de la cama, que soñaba desapareciese con la llegada de nueva dueña, imaginaba lo que sería, en la calle Mayor Principal, con tres escaparates, un negocio doble, de salchichería y botillería. El salchichero probó el agraz frío de aquel año, y se fue en silencio, porque le asustó el gasto que supondría la veneciana, ya de mañana con tres pulseras de oro en el antebrazo derecho, y la blusa con delantero de encajes, desayunando fresilla con lima. Además, al suizo le gustaban las piernas gordas. Lo contaba en confianza a los amigos:

—Mi señor padre aseguraba que son más sanas las mujeres de piernas gordas. En mi familia se tenía muy en cuenta eso, a la hora de matrimonio, o de elegir criadas para la casa. ¡Recuerden mi tía Ceferina y mi difunta esposa, y el ama Carolina! La piropeaba el profesor de Perspectiva: «¡Columnas salomónicas!», decía, y supimos que una vez le dio dos pesos en un reservado para que se las enseñase hasta el corvejón.

Paulos bebió, se limpió la boca con el pañuelo que le había regalado María, y que olía dulcemente a espliego. De un bolsillo interior de la toga sacó una bola del mundo, con las tierras en amarillo y los mares en azul. Señalaba en los continentes un punto negro.

—¡La ciudad! ¡Nuestra ciudad!

Posó la bola del mundo junto al vaso, y anunció solemne:

—Por lo que a mi ciencia toca, las señales de la influencia del cometa son evidentes. Si me permiten decirlo, terribles para la ciudad. Pero he de añadir inmediatamente, para que no os habite el desasosiego, no prenda en vuestro espíritu la inquietud, que la ciudad saldrá triunfante de la prueba, de las pruebas, gracias al heroísmo de sus hijos. ¡Podemos prevenir para no tener que lamentar, señor regidor primero!

El regidor primero se arrellanó en su sillón, bebió un sorbito, después de hundir en el agua, con la punta del manguillo de la pluma, el azucarillo. Sonrió, aunque el anuncio de Paulos no inclinaba a ello. Sonrió porque veía reconocida la sabiduría de una de sus frases célebres. Se creía que la había discurrido él, y se olvidaba de que estaba en las planas de latín del Gimnasio, entre los adagios de conducta moral.

Paulos pedía sesión plena y secreta, y que jurasen perpetuo silencio los asistentes. El presidente de edad daba fin al segundo caramelo, y pasaba la lengua por los labios.

—¿El jueves?

—Mejor el viernes. A las siete y cuarenta y cinco. Es luna nueva.

—¡Favorable Selene! —exclamó el astrólogo Pánfilos Ateniense.

—¡La hoz de plata en el cielo! —comentó el astrólogo Agrícola Triticóforos, cuya especialidad era decidir los días fastos para la siembra.

Paulos se despidió rápidamente, recogió la bola del mundo, entregó la toga al bedel, y se dirigió a su casa. Bajo el arco de la Infanta, se cruzó con la solterona de «La Valenciana», por segunda vez en el día.

«¿Será virgen?», se preguntaba.

Al entrar en casa, se encontró sentada en las escaleras a la criada Claudina y a su sobrina Melusina. Ésta lloraba desconsoladamente.

—¡Llora porque se paró el reloj del salón! —explicó la tía.

—¡Ahora que había aprendido a leer las horas! —se lamentaba la sobrina.

—¡Tranquilízate, diligente Melusina! Esta noche, en el silencio de la casa, yo hablaré con el reloj. ¡Conozco las palabras mágicas que le obligan a reemprender camino! Me dejarás en el salón, frente al diván, una palangana con agua salada para los pediluvios sacros.

118

Melusina le besó la mano a su amo.

—¿Volverá a haber tiempo? —preguntó Melusina, conteniendo los sollozos.

—¡Volverá! —dijo Paulos.

Melusina se secaba los ojos con la punta del delantal a rayas rojas y blancas. La tía Claudina reía de la inocencia de la sobrina.

III

¡Las señales! Paulos corría detrás de sí en busca de las señales de la influencia del cometa, de aquéllas que imaginaba y que le permitían predecir horas terribles para la ciudad. Hacía viajes matutinos hasta más allá de la Selva, y regresaba a casa al mediodía, con un brazado de hierbas y ramas. Se había corrido por la ciudad que Paulos estaba aclarando las tendencias del cometa, y las gentes lo veían pasar sospechando en las hierbas y ramas, en las miradas que Paulos dirigía a las palomas que volaban, en el oído que ponía a los ladridos de los canes, en los cristales ahumados que ponía ante sus ojos para contemplar el sol, el esfuerzo del joven astrólogo en descubrir y en prevenir los supuestos males que venían por los cielos con el majestuoso navegar del cometa. Paulos ensayaba ante María el discurso de presentación de las señales a los cónsules y los astrólogos. Bebía la leche acabada de ordeñar que María le había traído en una ancha taza de loza blanca, decorada con flores azules. Le devolvía la taza a María, acariciándole de paso las manos, rozando con los labios su frente. Se situaba junto al reloj, la mano izquierda sujetando los guantes amarillos, de cabritilla, e inclinando la cabeza, la mano derecha en la frente, o bajándola lentamente hasta dejar el índice frente a los labios, imponiendo silencio. Las cuatro velas del candelabro, cuyos brazos figuraban sirenas, iluminaban la escena. Imponiéndose silencio, Paulos avanzaba desde el reloj hasta el balcón, lo abría, y contemplaba el cielo. La luna, acortada en su menguante, se escondía tras gruesas y oscuras nubes, para aparecer en un claro y volver a esconderse.

—Dos, dos de estos extraños viajeros he encontrado ya por los caminos. Serán muchos más, doce quizá, los que hayan entrado en el reino. ¡Visitantes de la tarde, de los que nunca se sabrá, hasta el final del drama, si son benéficos o maléficos!

Se inclinaba hacia María, alcanzaba con sus labios el mechón de su pelo rubio que le caía sobre la frente.

—Aquí —le explicaba— pondré la mano en la llama. Calzado el guante, claro, y éste mojado para que aguante medio minuto sin quemarse. Distraído, preocupado, como hablando conmigo mismo, proseguiré, a media voz.

Recogió el manto rojo por una de las puntas, y se cubrió con él el pecho. En la oscuridad brillaban sus ojos. La recogida del manto era el gesto más propio de los desconocidos viajeros.

—Cuando sale el sol, se ponen de espaldas a levante, y ven cómo se alarga ante ellos su sombra. Cuando la sombra alcanza dos veces el tamaño de su cuerpo, la recogen, la enrollan en la mano como hilo de madeja, y la ocultan. Y viajan sin sombra. La llevan escondida en el pecho. No, no les he visto las alas. Vemos su cuerpo, pero lo que vemos es sólo apariencia. Nunca se ponen delante de un espejo, de miedo que los presentes se den cuenta de que aquél no los refleja. Te hablan con su voz musical y amistosa, y si cuando los ves silenciosos caminantes no te sorprende su belleza, conforme te van hablando ves desnudarse en sus rostros una insólita hermosura turbadora, luminosa. Sus palabras se instalan en ti como en su casa, y deseas de pronto todo lo que ellos desean. Las mujeres que les han oído hablar, les piden que las rapten. Digámoslo de una vez: son los enloquecedores. ¡Enloquecerán a todo aquel con quien amisten, a aquel en cuya casa moren! ¡Se les atribuyen los más de los incestos!

—¿Cómo los reconoció usted?

Paulos se imaginaba la voz fatigada del Canciller, que llegaba hasta él más que por el aire arrastrándose sinuosa sobre la mesa del consejo, rebotando en los vasos de agua con azucarillo para encontrar de nuevo el camino.

—Por la susodicha carencia de sombra en la hora vespertina. Con uno, alterné en la taberna «Los Dos Cisnes». Dijo que tenía frío, y preguntó si no era ya la sazón del fuego en la chimenea. La tabernera le dijo que no, que hasta San Martín no era costumbre. Realmente, titiritaba y le castañeteaban los dientes. Si se me permite una breve explicación científica, el frío de su cuerpo lo produce la sombra que llevan dentro de ellos. Arrancada la sombra de su posición acompañante, escondida en un lugar secreto, libre del contorno de sol, pierde progresivamente el calor de los límites, y en ocasiones parece descender a cero grados, y hiela. En un palacio de Italia fue recibido una vez, en año de cometa, uno de estos visitantes de la tarde. Era una mujer joven, y dijo ir en romería a Roma. Abreviaré: el señor del palacio se enamoró de ella, pero su mujer, la condesa, celosa, mientras el marido iba a buscar el laúd, estranguló a la viajera con una cadena de plata. Cayó al suelo, y de su boca vieron los presentes salir su sombra, que se tendió sobre el mármol cuando se hubo derretido, pues al salir se había transformado en una pequeña barra de hielo. La sombra, viendo caída en el suelo y muerta a su dueña, se deslizó debajo de ella, y juntas pasaron a otra vida.

Paulos salía al paso de toda objeción posible.

—No, no se pudo averiguar nada acerca de su condición corporal, porque tembló la tierra en Monza, y una ráfaga de viento entró en la sala y se llevó, como una hoja seca, la difunta por el balcón abierto. ¡Era verano!

Podía decirlo en latín, con la imagen de la retórica antigua: como la tempestad las nacientes rosas.

—«Ceu turbo nascentes rosas...»

—¿La sombra a bajo cero es paralelográmica? —preguntaba el Secretario de Eclipses.

—Discúlpeme el que no cite mis fuentes, pero puedo afirmar que otras veces es cilíndrica.

—Prosiga con el encuentro en la taberna.

Ahora la voz del Canciller demostraba impaciencia, y el presidente de edad se tragaba, sin chuparlo, el cuarto caramelo de café y leche.

—Me dirigí a él, y le dije que quizá le calentase el cuerpo un vaso de vino. Lo sirvió la tabernera, y me fijé en cómo bebía. Cuando llevó el vaso acabado de servir a los labios, escúchenme bien, ya iba vacío. ¡Vacío! O lo había bebido por ósmosis, por la mano, o algún poder tenía que hacía evaporar el vino, de manera invisible e instantánea. Me inclino por esto último. En toda la tarde no bebió ni comió.

—¿Podemos deducir de ello una naturaleza espiritual?

—¿Exclusivamente espiritual? ¿Comparables los visitantes de la tarde a ángeles? Lo considero prematuro.

—¿Podemos saber lo que pasó en la taberna «Los Dos Cisnes»?

—Entra en el asunto una anciana mendiga cuyo hijo trabajaba en la draga que extrae arena en la confluencia de los dos ríos, y fue uno de los cinco que murieron ahogados en el accidente de hace seis años por la Candelaria.

—¡Horrible temporal! ¡En el puente llegó el agua al clavo del que se cuelga en el tajamar del tercer arco la corona de laurel que los marinos ofrecen en las fiestas del paso de Julio César!

—¿Consta en acta? —preguntaba el Canciller.

—Sí, señoría.

—La anciana mendiga estaba sentada en una banqueta junto a las barricas de tinto, mojando pedacitos de pan en una taza de cuartillo. Junto a la puerta de la solana, hacía cuentas, en una mesa, el recaudador de foros. De vez en cuando bebía de la jarra. El visitante de la tarde comenzó a hablar de podencos, y el recaudador se sintió atraído por la conversación. Se levantó y se acercó a nosotros. Explicaba el visitante que en Sicilia cazan las viudas, y que acontece que algunas de ellas, lozanas y que no soportan la soledad, aprovechan el salir de caza, vestidas a lo masculino, para buscar en los bosques amantes cazadores.

—A veces —dijo—, desde el más imprevisible lugar, asoma una encendida sonrisa.

—Y miraba para la anciana mendiga. Yo la he visto cien y más veces, tendiendo la mano en el atrio de San Miguel. Podría decir de su ojo derecho ciego, casi blanco. Podría dibujar los meandros que describen las arrugas en sus mejillas, su pelo blanco, su nariz goteante, su boca desdentada... ¡Todos la conocéis, y los más habéis depositado una moneda en la mano que tiende, sucia del contar y recontar las monedas de cobre, negras la palma y las yemas de los dedos! El visitante de la tarde le pasaba a la mendiga su hermosura posible. Lo veíamos, mientras describía a una baronesa de Lagunamare, viuda a los veinticinco, la cual se desabrochaba el jubón y mostraba los pechos a un paje de redes del arzobispo de Palermo, quien había acudido al bosque para tender la palomera del alba. Las palabras iban diciendo cómo la baronesa se desnudaba, y nos las devolvía, como espejo, la figura de la mendiga. ¡En ninguna parte, ni en Inglaterra, he visto mujer desnuda que se le igualase! La piel aparecía dorada, y si la mendiga pasaba las manos por su cuerpo, acariciándose la cintura y los muslos, se escuchaba un rumor musical de seda y de agua. Eso es, de seda y de agua. La mendiga, al fin, se había transformado en la baronesa de Lagunamare. La contemplé a sabor, pero desde donde yo estaba veía a la vez a la baronesa de Lagunamare como una lámina de oro, y por detrás la mendiga, desgreñada, babándose vinosa, levantando las faldas, mostrando las flacas piernas cubiertas de hiedras. El recaudador miró a los ojos al visitante de la tarde, el cual, inclinando la cabeza, hizo una leve señal de sentimiento. Y cuando éste dijo del abrazo del paje de redes a la dorada viuda, el recaudador de foros avanzó hacia la visión, desnudándose, tan rápidamente que sospecho que lo desvistió el visitante de la tarde de palabra, y abrazó él, y besó, acarició, y entró en ella como el rayo, a la baronesa de Lagunamare de Sicilia, que se dejaba en un suelo que apareció cubierto de rosas. Permítanme que abrevie la descripción de este paso. El visitante de la tarde se dirigió hacia la puerta, y cruzando las manos en el aire, deshizo la ficción. El recaudador ahora veía que abrazaba a la vieja mendiga. Se desprendió sorprendido del abrazo, se levantó asqueando, gritó, sollozó, recogió de encima del mostrador el cuchillo de cortar las magras de jamón serrano, y salió, desnudo como su madre lo pariera, en busca del que lo burlara, hombre sin sombra, pasajero enloquecedor de humanos y bestias en el año del cometa. ¡Ahora mismo lo debe estar persiguiendo por los caminos, por la orilla del río, por los senderos de la Selva! Recomiendo a los señores cónsules que envíen un comisionado a la taberna «Los Dos Cisnes» a recoger las cuentas del recaudador de foros, y la ropa, por si se estima conveniente enviarla a la tía que lo crió, y con la que vivía. ¡Quizá nunca más aparezca el recaudador de foros, y si aparece, no estará en sus cabales!

—¿Y la mendiga? —preguntaba el presidente de edad.

—Se bajó las faldas, se sentó y continuó haciendo sopas en el tinto.

—¿Cómo no vino usted a denunciar el hecho?

—Porque era la noche de la luna llena penúltima antes de la aparición del cometa, y debía comprobar otra señal.

Naturalmente, el relato de lo acontecido en la taberna «Los Dos Cisnes» podía ser mejorado, la figura del visitante de la tarde perfeccionada.

—¿Existen esos visitantes de la tarde? —preguntaba María.

—Existen, y son hermosamente tenebrosos. Pueden crear belleza tenebrosa allí donde miran.

—¿No hay medicina?

—Sí. ¡Morir!

—¿Estuviste tú en peligro?

—En la taberna, no, pero sí en esta casa. Era una mujer. Salió del armario, haciendo rodar los membrillos por el suelo. Se me acercaba, a la vez triste y sonriente, abriendo los brazos. A cada paso sus ropas se hacían más transparentes, se convertían en cortinas de agua, y dejaban ver un cuerpo verdoso. De pronto, un pez rojo giró sobre su vientre, huyó hacia su cabello. La reconocí. Era la que llaman la Dama del Lago. Tranquilo, con voz grave, como la que manda poner en los pésames el Secretario de la Buena Educación, le pregunté: «¿Por qué has resucitado?». Sollozando, se deshizo al instante en un puñado de agua, que cayó al suelo. En el charco, se debatía el pez rojo. Un pez de verdad, uno de los peces rojos del lago. Este pez me salvó, me dio la nota real de la situación, fue una realidad que impidió que yo aceptase la realidad de ella, que estaba tomando cuerpo ante mis ojos. Mi pregunta no le permitió pasar de fantasma a amante.

—¿Volverá?

—No. Fallida la salida suya en este año del cometa, ya no saldrá hasta el próximo.

—¿Como la estrangulada en Monza?

—Pudiera ser que esta visitante de la tarde fuese la misma.

María apretaba contra su pecho, con las dos manos, la taza de la leche.

—¡Pudo haberte devorado!

—Quizá no quisiera. Quizá ni siquiera pretendiese jugar conmigo como hizo en «Los Dos Cisnes» el otro visitante con el recaudador. Quizá, cansada de vivir extramuros de los humanos, buscase una dócil compañía, un marido honesto en una ciudad de provincias, años tranquilos, suaves como lana bien cardada. Yo envejecería y ella no.

IV

Admitida la presencia de los visitantes de la tarde, se suspendía la sesión por una hora, mientras los cónsules, conferenciando con el general de las Milicias y el cabo general de patrullas, les explicaban la conveniencia de buscar y detener a los extraños viajeros.

—¡Lo primero, una vez reconocidos, esposarlos! ¡Todos deben meterse algodones en los oídos para no escucharles sus cantos!

—¡También vale la cera! ¡Acuérdense de Ulises!

—El método es más lento.

—Pertréchense de sacos. El interfecto debe ser metido inmediatamente en un saco, bien atado, sello de plomo en el nudo, con nuestras armas.

—Una vez esposado, podía hacérsele beber una infusión de adormidera, para que no incordiase.

—Un número para los sacos, otro para el plomo, otro para la infusión de adormidera... ¡Demasiada gente en las encrucijadas! ¡Alarmaría!

—¿Hay precedentes?

—¿Qué se sabe por aquí de sirenas? ¡Usted citó a Ulises, general!

El Canciller, con su voz fatigada, tocó la campanilla.

—Un servicio normal, muy de mañana, que es cuando la sombra humana y la de las cosas es más patente. Taponados los oídos, la patrulla avanzará en silencio, empujará contra la pared, haciendo que mira hacia los tejados, o lo que baja por el río, al visitante. Y a esposarlo. Un número las manos, el otro los tobillos.

—¿Se renuncia al saco?

—¡Queda al criterio del jefe de patrulla.

—¿Y taparle la boca con esparadrapo? ¡Se lleva mucho en los robos y violaciones en Francia y en Chicago!

—¡Serenidad, caballeros, serenidad! ¡Terminará alguno de ustedes proponiendo que el cabo general le corte con su mano la lengua!

—¡No valdría de nada! En la última entrega de «El náufrago de Periclea», novela de misterios griegos que a servidor le mandan directamente, se habla de una sirena a la que se le metió en la boca un pez carnívoro, dotado de cuatro filas de dientes. La sirena echaba una siesta con la boca abierta, y el pez, que es pequeño y azulado, no comestible, encontró la lengua de la sirena dulce, y la devoró.

—¿Dulce? —preguntaba el presidente de edad, desenvolviendo otro caramelo de café con leche.

—¡Aromática por lo menos!

—¡Volvamos al asunto! —suplicaba el Canciller, cansado, extendiendo los brazos, como desperezándose, llegando con las manos al candelabro central, manos muy blancas, dos anillos en la siniestra, y en uno de ellos, abreviado por ciencia notárica, célebre en la cábala, y que consiste en dar con las solas iniciales de las palabras la frase, una misteriosa inscripción: DQNST/ LD/DAQTLEHD/QSD. Se lo había enviado desde Génova su mujer, cuando se le arrancó con aquel rubio del violín que vino a dar un concierto para recaudar fondos para la defensa de Constantinopla contra el turco. Vino gratis, porque decía que era algo pariente de los Paleólogos. La inscripción se aclaraba:

> *Dices que no son tristes*
> *las despedidas.*
> *Dile al que te lo ha dicho*
> *que se despida.*

Después de todo, fue una delicadeza de la prójima. Al cabo de un año, una noche de lluvia, reapareció. El Canciller la recibió en silencio, le mandó desnudarse y que se metiese en una bañera, la llenó de agua, la saló, y la tuvo allí dos días. Después, la puso todo un día al sol, desde el alba a la puesta, colgada por los sobacos de la rama de un manzano, para que secase. Desde entonces la tiene en casa, pero no la lleva a los salones ni a los conciertos. De vez en cuando, le permite que invite a las amigas a beber un vaso de sidra, y ella, en el transcurso de la velada, cambia tres o cuatro veces de traje, y desfila ante las contertulias como maniquí por pasarela.

—¡Modelo del exterior! —dice al presentarse.

Y todas, cuchicheando mientras la señora del Canciller va a cambiar de traje, reconocen que el modelo que acaba de pasar es de mano de modista de Génova, y por ende, regalo que fuera del violinista de los Paleólogos.

—La sirena sin lengua iba a escuchar a las otras, cerca de Siria o de Bretaña, y recogía en sus oídos los amorosos cantos. Cuando quería, a modo de eco, los devolvía por la bocina de sus orejas, y a efectos de trastornar un marino, era como si ella misma siguiese cantando ensoñamientos.

—¡Que le pongan también esparadrapo en las orejas al visitante!

Salieron los castrenses a organizar la batida.

—¿Y si no hay pared contra la que arrinconarlo? —preguntaba el general de las Milicias—. ¡Habrá que llevar una de repuesto!

—¡Esa es otra! —respondía el cabo general de patrullas—. ¡Menuda joda!

Reanudada la sesión, Paulos explicaba la segunda señal.

—Se trata del río —dijo—. ¡El río vuelve a la fuente natal desde su desembocadura! ¡No, no se asusten sus señorías! Vuelve momentáneamente, en un abrir y cerrar de ojos, la duración del relámpago. Dudé entre si presenciar la subida del río desde el puente, o ir a la fuente, en la falda del monte Caballo. Me decidí por este último observatorio. Luna llena, las doce en punto de la noche. Ladró un perro, lejano. De pronto, se extendió por el mundo otro silencio, mayor todavía que el silencio de la primera mañana, tras una gran nevada. Un silencio que permitía al oído atento la percepción del menor y más lejano ruido. Puedo decir que escuché el salto de la rana por entre la «festuca pratensis», el viento norte en el borde de la luna, el respirar de la lechuza en las ruinas del castillo...

—¡Pues está a tres leguas! —comentó el cónsul de Adversidades y Naufragios, que era un pequeñajo muy cazador.

—Sí, y en los cipreses, el roce del pico del jilguero sobre la cabeza de la hembra, esa caricia en uso entre las aves, a la medianoche. Súbitamente la fuente dejó de manar, como si alguien hubiese cortado con un cuchillo el chorro de los cuatro caños. Y el agua de la pila giró velocísima y ascendió a los caños. Era, ahora, el chorro al revés. Ya dije: todo lo que cuento pasó en el tiempo del relámpago. El río se hizo una nube de plata y entró en la fuente. Quedó el cauce seco y unos peces saltaron, y salió de la fuente la nube de plata, se hizo agua, y el río discurrió tranquilo, como suele, estiado, en los otoños. La fuente manaba. Con el peso del río sobre su cauce, hubo un ligero temblor de tierra, y algunos pájaros salieron de sus ramas, asustados, para volver a ellas pasada la alarma. Ladraron a un tiempo todos los perros de la Selva. Alrededor de la fuente, como el río regresa desde su desembocadura, flotó por unos momentos el aroma salobre del estuario en la marea baja, que yo recuerdo de mis días de infancia, cuando mi tutor Fagildo bajaba a tomar baños de algas. El río debe subir con enorme violencia, completo de todas las aguas que todavía no se hicieron mar, absorbiendo la última gota de sus aguas que aún no salió.

Si estuviese contando esto en la Academia Sforzesca, sería apropiado citar a Dante, Purgatorio, el encuentro con el músico Casella, «dove l'acque del Tevere s'insala». Pero en su ciudad se usaban otras pruebas, pruebas de otra calidad poética, y quizá menos racionales. Paulos abrió lentamente una bolsa de cuero negro, y volcó su contenido en la mesa, encima del cartapacio. Los fue apartando para que mejor pudieran ser contemplados, un cangrejillo verdoso, una valva de ostra, un pececillo plateado con pintas negras y rojas en el lomo.

—¡Esto dejó el río, la parte del río que subía desde el mar, en la pila de la fuente materna!

El Secretario de Eclipses, que era filatélico, sacaba la lupa, la limpiaba, examinaba las piezas de convicción.

—¿Cómo no llevó usted testigos? ¿Vamos a creerle porque nos traiga un cangrejo?

—Los antiguos explicaron estas extrañas vueltas de los ríos por analogía con el imán, pero aceptando que se trataba de un prodigio. ¡Abunda la literatura sobre el tema! Esto, por lo que se refiere a los precedentes. Por otra parte, ¿voy a falsear una prueba, de cuya interpretación acaso dependa el futuro de la ciudad, de mi ciudad? Podemos razonar juntos, señorías. Puedo admitir que yo, en la fuente, en la medianoche, la luna llena, no haya visto, literalmente visto, la vuelta del río a su cuna. Pude, simplemente, haberlo soñado, pero en el momento mismo en que mi sueño es interpretado en relación con la proximidad probada científicamente por los astrónomos de la aparición del cometa, se crea una realidad indudable, de la que deducimos agüeros. ¡Prevenir lo futuro! ¿Para qué estamos aquí? Pude haber soñado, quedándome adormilado junto a la fuente. Pero el sueño está expuesto, lo interpretan los astrólogos, y se transforma en algo tan sólido como esta casa. ¿Es que no son los sueños una forma profunda del conocimiento de lo real?

Paulos se lo preguntaba a sus colegas, los astrólogos, quienes votaban que sí, inclinando las calvas cabezas.

—Pero, no, no he soñado. ¡He visto! Y esos restos, yo los hallé, a la mañana, rastreando en la pila.

Paulos acarició el cangrejo, le dio una vuelta al pez, dejó caer la concha de la ostra sobre el cartapacio. Sabía que tenía ganada la partida. Los augurios eran inatacables, porque estaban en la Constitución, principios fundamentales.

—Además, tengo un testigo. Está haciendo antesala.

El Canciller tocó la campanilla.

—¡Que pase el testigo!

El bedel le abrió la puerta. Era un hombre de mediana estatura. Vestía un chaquetón de lona, verdoso, y calzaba botas de agua. Sobre el hombro derecho llevaba un remo. Con la mano izquierda se quitó el gorro de lana, y mostró una enmarañada pelambrera negrísima, como lo eran las espesas cejas, la barba corta. Sonrosado de mejillas, tenía un mirar alegre. Sopló —era su costumbre, soplar antes de hablar—, y se anunció:

—Simón, hijo de Simón y de María, barquero en el paso de las salinas, casado, padre de cinco hijos, ciudadano con voz y voto, parroquia de San Miguel.

Volvió a soplar, y levantando el remo hasta tocar con él el techo, juró.

—¡Explícate! —ordenó el Canciller.

—Yo estaba en mi barca en el paso de las salinas. Había dejado en la orilla izquierda a seis o siete de la familia que llaman del Francés, que su abuelo vino de allá y trajo el arte de hacer peines de cuerno de buey. La familia toda se dedica a eso, y también prepara cuernos, ya con palleta, ya sin ella, para los pastores alpinos. Regresaban de una boda y olían a vino. La mujer del llamado Gastón, que es una arrubiada muy locuaz, me dio un pastel de crema, que sacó del bolso, y me volví a la orilla derecha, sin prisa, que la noche era muy hermosa y estaba muy cansado, y cuidando en llegar al embarcadero a las doce, que las oiría del reloj de Santa María de la Sal. Ya salía al río propiamente dicho cuando empezaron a sonar los cuartos. Vino en la noche calma una fuerte ráfaga de travesía, que me sorprendió soltando el estrobo del tolete para dejar los remos, como suelo, en el fondo de la barca, y si sus señorías fueran barqueros sabrían que ya en el río no hace falta remar, que se baja en la querencia de las aguas hasta el pedrón donde amarro. Caí sentado en el banco de popa, y se me fue el remo al agua, con un balancé y salto que tuvo la barca. Vi con estos ojos míos cómo el remo, en vez de ir aguas abajo, emprendía veloz marcha aguas arriba, y lo mismo mi barca. La cosa duró unos segundos. La barca cayó en el agua como si hubiese estado esos segundos en el aire, y el remo había desaparecido. ¡Es éste!

Lo mostraba a los honorables cónsules y a los ilustres astrólogos.

—¡Abedul! Muy ligero, y además aguanta en el río.

—¿Cómo lo encontraste?

—Yo le había echado la culpa de mi caída y de la pérdida del remo aguas arriba, con el salto que diera la barca, a una nutria que anda en el estuario, y que por costumbre de verme a la anochecida, que es cuando remonta, ya no la asusto, y más de una vez da vueltas alrededor de la barca, y pasa por la banda cuando levanto el remo, tan sutil que nunca le doy, al bajarlo, en el reluciente lomo. Es hembra. Cuando está preñada se acerca más, y entonces compro en la taberna unos bizcochos dulces, y se los sirvo en la punta del remo. ¡Una amistad, en fin! ¡Con la luna le daría por jugar, y se me habría llevado el remo, para devolvérmelo, o dejarlo cerca, que me lo trajesen las aguas!

—¿Cómo lo encontraste?

—A la mañana siguiente me lo trajo el caballero Paulos, preguntándome si sería mío, que lo había encontrado en el vado del Cuervo, cruzado entre dos pasos. ¡No tiene señal de los dientes de la nutria!

—¿Te explicó el astrólogo Paulos Expectante lo sucedido?

—¡Ajá!

A Simón el barquero se le había olvidado el soplar durante la para él larga declaración, pero ahora lo hizo seis o siete veces seguidas. En el último soplido, casi silbó, y unos papeles volaron en la mesa.

—¡Ajá! ¡Si mi remo y mi barca viajaron aguas arriba fue que el río subía y no bajaba! La barca iba en la ola de subida del río, y me parecería que caía de lo alto, cuando de nuevo el agua encontraba su flor acostumbrada en el cauce. ¡Ya está explicado!

Paulos le ofreció su vaso de agua con azucarillo de «La Valenciana». Bebió Simón y sopló.

—¡Mejor era un vaso de tinto del Ducado!

Simón fue despedido con dos reales de viático, y los cónsules acordaron reunirse a la mañana siguiente, después de horas canónicas, para escucharle a Paulos la tercera señal.

V

—¿En qué consiste?

—¡En el unicornio!

Había madrugado, y con la ayuda del bedel había colgado de la pared una lámina francesa en la que, en un claro del bosque, un blanco unicornio posaba su cabeza en el regazo de una niña, una virgen que lo acariciaba. Sobre la lámina montó una cortinilla roja, con cenefa dorada, que ahora, al tirar Paulos de un cordón, corría colgada de anillas, dejando ver la estampa. La niña era rubia, y vestía de azul celeste. Las largas faldas no permitían ver sus pies. Paulos, cuando preparaba la lámina para la demostración ante los cónsules, le encontró a la virgen un parecido con María, y se imaginó que lo tendría mayor si asomasen los pies descalzos sobre la verde hierba, en la que el miniaturista —la lámina era una reproducción de una miniatura medieval— se había entretenido en pintar diversas flores, rojas, amarillas, blancas. Detrás de la niña aparecía una fuente, y el claro lo rodeaban grandes árboles, quizá robles, quizá castaños, no se veía muy bien, árboles con muchas y grandes hojas, en las que se posaban pájaros multicolores. Un sendero color siena habría permitido al ciervo unicorne llegar hasta la niña. Se sabía que era hora de alba por un cierto blancor que aparecía por entre los troncos de los árboles, pero la luz que iluminaba la escena nacía de un halo dorado que rodeaba a la niña y la bestia. La niña tenía los ojos abiertos, y el unicornio los tenía cerrados. En el rincón derecho de la lámina se había detenido un faisán madrugador. Paulos se preguntaba desde dónde contemplaba él la llegada tranquila del unicornio, como hipnotizado por el tibio regazo infantil. Paulos pensó que podía situarse detrás del faisán, y si algún día se hacía estampa de esta aventura suya, en la que se mezclarían a la vez la lámina francesa y la realidad de su búsqueda de señales en el año del cometa, aparecería con la mano derecha extendida en dirección a la cabeza del faisán, como indicándole a éste que no levantase el vuelo. Si se hacía teatro, entonces Paulos entraría por la izquierda al mismo tiempo que el faisán por la derecha (habría que vestir a un enano de faisán, con la larga cola tendida). El faisán tiene un gesto de levantar la cabeza y girarla, mientras abre y cierra la cola. Sería conveniente buscar a un experto para lograr este efecto en tablas. Entrarían ambos, Paulos y el faisán, en el momento en que el unicornio posa la cabeza en el regazo de la virginal doncella. Paulos y el faisán se mirarían sorprendidos, y dirían por turno algo en aparte.

FAISÁN (*Aparte, hacia el público*). — ¡El unicornio! ¡Nunca creí que viviese en la edad de oro!

PAULOS (*Aparte. También en dirección al público*). — ¡Verdadero unicornio, con la punta del cuerno marrón, y verdadera virgen!

FAISÁN (*Aparte*). — ¡Si trajese una buena cosecha de hormigas!

PAULOS (*Aparte*). — ¡Hermosísima escena! Pero, ¿cuál el significado? ¿Seré capaz de interpretar esta visita del unicornio? ¿Pende el destino de la ciudad de mi interpretación? ¿Estoy ante la señal de un tiempo pacífico y humanísimo, oloroso como una manzana, o lo que veo es al unicornio refugiarse en el regazo irreprochable de la virgen, huyendo de la destrucción del universo? (*Avanza lentamente hacia la doncella y la bestia, con el dedo índice de la mano derecha en los labios.*) ¡El unicornio se ha quedado dormido! ¡Es el momento de interpelar a la doncella! (*Sigue avanzando.*) ¡Ella se ha dormido también! ¡Oh, bestia somnífera, que me impides el interrogatorio!

Quizá fuese conveniente, por darle gusto al público, que Paulos dijese algunas palabras que revelasen que un súbito amor nacía en su pecho, a la vista de la niña vestida de azul celeste. Tampoco iría mal un diálogo con una de las aves presentes, por ejemplo con un cuervo, al que se le atribuye longevidad y sabiduría. El faisán, por ejemplo, carece de viveza en la réplica, mientras que el cuervo es pronto en las respuestas, y refranero, y podía citar a Virgilio y a Séneca. Hablaría desde la rama de un árbol. Habría que contratar un ventrílocuo, como aquel napolitano que viniera a ferias el pasado año, e imitaba muy bien un perro que soñaba en voz alta que paraba una perdiz, o que encontraba un punto fijo escondido debajo de la cama de la señora de su amo. El escondido era un francés, que aprovechaba el vender cremas depilatorias a domicilio para tentar a las amas de casa de buen ver durante la demostración, que era siempre en el sobaco. Contando como el francés las cosquilleaba, el perro se reía, en sueños.

—¿En qué? —preguntaba el presidente de edad.

Paulos descorría la cortina roja con cenefa dorada, y dejaba ver la lámina francesa a los cónsules y a los astrólogos.

—¡En el unicornio!

Los cónsules y los astrólogos se explicaban unos a los otros, cuchicheando, lo que era un unicornio.

—¡La presencia sola del cuerno del unicornio hace expulsar las lombrices a los infantes! —dijo en voz alta uno de los cónsules, el de Hospicios.

—El polvo del cuerno en Escocia se cree afrodisíaco.

—¡En la Enciclopedia viene como bestia inexistente!

—Pero, señores cónsules, queridos colegas, existe. Cumplió apareciendo en menguante, en el claro de la Selva, en la ribera meridional de la laguna, saliendo de la vía romana rozando el mojón de Adriano. ¿Vamos a negar la existencia del unicornio porque lo más del tiempo sea animal invisible, oculto como un sueño? Por ese camino llegaríamos a negar la existencia del alma humana. ¡Invisibilidad no quiere decir irrealidad!

—¡Orden! ¡Orden! —pidió el Canciller, con la voz más cansada que nunca.

Le hizo una seña al presidente de edad, el cual tocó la campanilla de plata. Paulos estaba de pie, a la izquierda de la lámina francesa, precisamente por donde entraría en escena si algún día se representaba en la ciudad, salida de los días del cometa influyente, la señal del unicornio. Vestía de levita, y dejaba colgar de una cadena de oro, sobre su pecho, el medallón de la academia milanesa, con las armas de los Sforza, que usan una maza porque descienden de Hércules. Paulos imaginaba ahora cómo sería el actor que representase a Paulos en la pieza «Los misterios del año del cometa con la venida vespertina del unicornio». La ciudad buscaría un poeta que la escribiese, sin duda, pero, ¿sus dotes de adivinación serían tales que las palabras que Paulos imaginaba poder decir, él las hallase entre los millones de frases posibles? El poeta podía hacer, con las palabras que ponía en su boca, otro Paulos. Lo del brote del amor de Paulos a la niña parecía inexcusable. Entre los párrafos que Paulos declamaría exponiendo la sorpresa por la presencia del cérvido misterioso y unicorne, habría alguno que dijese que cómo no iba aparecer el unicornio, si estaba allí aquella hermosura vestida de celeste, luminosa belleza.

—¿Quién, en el medio del camino de la vida, no soñaría con el encuentro de un tan feliz hogar? ¡Dichoso unicornio, que dulcemente reposas!

Algo parecido, más poético, exaltándose, llegando incluso al sollozo para que las aves multicolores de los árboles volasen y se posasen sobre su cabeza y sus hombros, mientras las más jóvenes se apareaban y se decían eternos amores en el aire. La puesta en escena exigiría la luz vespertina, para el movimiento de la gente alada, y quizá fuesen necesarios dos ventrílocuos en vez de uno. Lo mejor que podía hacer Paulos era dejar en su testamento, escritas de su mano, las palabras que en la escena futura lo retratasen como era. Especialmente la desesperación. Paulos cerraba los dos puños y los llevaba con fuerza hacia el mentón, apretando allí, impidiendo que de su boca saliesen gritos. Luego, lentamente, tras unos sollozos, se tranquilizaba, y en voz que ascendía poco a poco hasta el tono natural, decía sus pensamientos más secretos. Sí, la desesperación le salía muy bien, ante el espejo. Anochecía, el reloj daba las ocho, y Paulos atendía a las campanadas. Cuando sonaba la final, Paulos esperaba a que se apagase del todo su voz, y decía, dramático y a la vez humildemente entregado al hado:

«¡Melancolía, te quiero, me otorgo, te recibo! ¡Bodas con la soledad y la tiniebla!».

—Puede el astrólogo Paulos Expectante exponer su informe.

—Según los textos, el unicornio se detiene cuando en el claro de un bosque halla sentada una virgen. Entonces, manso, acude a posar la cabeza en su regazo, y duerme. Sólo en ese momento duerme. Lleva acaso décadas sin dormir, vigilante vagabundo. Una vez adormecido en el regazo de la virgen, ésta se duerme también, por efecto del aroma del ciervo. Los antiguos explicaron el que la virgen se durmiese, para evitarle contemplar cómo el cazador al acecho daba muerte al unicornio, y se apoderaba inmediatamente de su precioso cuerno. Omito, porque no importa a la sustancia de mi informe, el simbolismo alquímico del unicornio y la doncella, y aun el erótico, que hace ver como pene el cuerno del cérvido, y en la doncella una prodigiosa expectación de maternidad. Pero, hasta la fecha, nadie ha podido probar que entre la doncella y el unicornio haya habido trato sexual, ni por ende posterior embarazo de la niña. Estas sospechas son solamente cosa de la moderna psicología. «Mutatis mutandis», el complejo de Pasifae.

—¿Debe figurar ese preliminar en el acta? —preguntaba el Secretario de Eclipses.

—¿Forma parte del informe? —preguntó el Canciller a Paulos.

—No, señoría. Simplemente explicaba el estado de la cuestión.

—¡No se incluye en el acta! ¡Prosiga el astrólogo!

—Atento a toda posibilidad de señales que probasen la influencia del cometa en los trabajos y los días de la ciudad, una me sorprendió de pronto. Permítanme que no mencione nombre alguno. Veía pasar alguna muchacha por la calle, o la encontraba en la plaza llenando la herrada en la fuente, o salían las alumnas del Colegio de las Antiguas, corriendo, con sus grandes cartapacios, y una se apartaba de la bandada, y marchaba sola hacia su casa, ojerosa, la cabeza inclinada. Alguien, observador de esta última, un pimpollito sin abrir, pudiera decir: «¡Bah, las primeras menstruaciones!».

Pero, no. Yo observaba. Algunas de estas muchachas aparecían con sus cabezas rodeadas de un delicado halo dorado, escasamente reconocible por los distraídos transeúntes porque todas las muchachitas, casi puedo decir niñas, en las que observé el detalle del halo, eran rubias. Todas solteras, naturalmente, y vírgenes. Durante más de una semana, el halo persistía sobre las cabecitas, pero noté que mientras en alguna de las muchachas el halo se mantenía en su suavísima intensidad, o disminuía algo, en otras, tres precisamente, la luminosidad del halo aumentaba. Abandoné la observación de las primeras para concentrarme en estas tres. Evidentemente, de muchachas alegres, charlatanas, a las que gustaba cantar y bailar, se volvieron calladas y melancólicas, huían las amigas y aun la compañía familiar. Yo me preguntaba si las madres se daban cuenta o no de que sus hijas portaban el luminoso, dorado halo, porque yo lo veía. Hace quince días pude comprobar que solamente el halo de una de ellas aumentaba, mientras el de las otras dos disminuía hasta casi desaparecer. En aquellas que había dejado de observar, al encontrarlas en la calle me daba cuenta de que su halo se había borrado por completo.

—¿Supone eso la pérdida de la virginidad? —preguntaba el presidente de edad, suspendiendo el chupe del caramelo de café y leche.

—¡No! —dijo Paulos—. ¡Cualquier juicio al respecto me parece prematuro!

—¡No iban a soltarse todas el pelo en la misma semana! —comentó el Cónsul de Especies Ultramarinas y Vinagres Finos.

El Canciller parecía interesado en el asunto. Le gustaría saber quiénes eran las vírgenes de la ciudad. También al Cónsul de Especies y Vinagres, un solterón que procedía de la Marina mercante, y tenía una gran verruga en el mentón.

—Ahora solamente observaba una de ellas, la del halo en aumento. Determinadas circunstancias me permitieron seguir muy de cerca todo el proceso. El halo, a determinadas horas, tomaba la forma y los colores del arcoiris. La joven se daba cuenta de la presencia del halo, y se cubría la cabeza con un pañuelo, y al mismo tiempo el halo. Sin embargo, a dos varas de ella, yo podía contemplar, al través del tejido, filtrarse una suave luz...

—¿Dorada?

—¡Dorada! La muchacha se levantaba a medianoche, y calladamente bajaba a abrir la puerta de la casa. Mis investigaciones me permiten afirmar que lo hacía inconscientemente, como sonámbula, y que no le abría la puerta a nadie, a nadie, entiéndanme bien. No abría la puerta para que entrase alguien secreto, que la abría para salir ella de la casa. Un impulso misterioso le obligaba a ello. Era, como ustedes pueden suponer, la atracción, irresistible para una virgen en la que se reúnen ciertas condiciones, del unicornio. En ese momento yo ignoraba todavía la causa del halo y la intervención en el asunto de la presencia del unicornio. Comenzó la luna a menguar, y la muchacha, inquieta, se escondía en la huerta, junto a los membrillos, y pasaban las horas, y ella sentada en un cesto, de vez en cuando arrancando las hierbas próximas y haciendo un pequeño haz en el regazo. A medianoche, abría la puerta de la casa. ¡Omito el relato de mis largas, expectantes, decepcionantes vigilias!

A Paulos le salía aquella mañana muy fácil el verbo omitir. Había entrado muy pronto en el tema, y ahora le pesaba no haber consumido media hora en la descripción del halo, y cuando hablase de su calidad y esplendidez, decir de modo que cónsules y astrólogos pensasen acertar quiénes eran aquellas vírgenes. También repetía varias veces la palabra prematuro.

—Por fin fui recompensado. El pasado viernes, a medianoche. Abrió la puerta de su casa, y se dirigió presurosa hacia la alameda. El halo rodeaba ahora su cabeza y su cuerpo todo. Las calles estaban desiertas. Misteriosamente, nadie había trasnochado aquella noche en la ciudad. He investigado. Todos aquellos con quienes he hablado fueron presa de un sueño súbito, y en algunos acompañado de fiebre, unas décimas...

—¿El viernes? ¿El pasado viernes doce?

—Sí, señoría.

Los cónsules intentaban recordar, el presidente de edad se rascaba la cabeza, el astrólogo agrario rememoraba apretando la nariz entre el pulgar y el índice de la mano derecha.

—¡Efectivamente! —afirmó el Secretario de Eclipses—. ¡Se suspendió la partida de tresillo en el Casino por falta de puntos! A las once me entró el sueño, y me marché a casa. Tuve la sensación de ir durmiendo por la calle.

—Sí, mi mujer y mi hija se quedaron dormidas, tras la cena, todavía sentadas a la mesa. Yo le eché la culpa a la sopa de lechuga, que es planta adormidera.

—Sí, yo también recuerdo el haberme quedado dormido —confirmó el Canciller—. Mi mujer se había disfrazado de lady Hamilton, guiada por lo que le había escuchado a un embajador napolitano, y se acercaba ofreciéndome una copa de vino. Lo mismo que lady Hamilton al almirante Nelson. Había cierta desnudez en el disfraz, pero estábamos solos en el saloncillo de las mecedoras. Cuando mi mujer quiso poner la copa en mi mano, yo ya estaba dormido; y se quedó ante mí haciendo la estatua, por si despertaba, y también se

144

durmió. De pie. Se durmió de pie. Cuando a eso de las tres de la madrugada desperté, estaba allí, ante mí, dormida, la copa en la mano. No había vertido ni una gota. Sí, el viernes doce.

Los otros cónsules y los otros astrólogos recordaban vagamente haberse quedado dormidos aquella noche. La voz cansada del Canciller, que se había animado algo al contar el episodio de su mujer como lady Hamilton, animó a Paulos.

—¡Prosiga el astrólogo!

El presidente de edad tocó la campanilla, distraído del informe de Paulos, imaginándose a la mujer del Canciller como lady Hamilton. Las ninfas siempre enseñan un pecho.

—Para no dormirme en el servicio del puesto de astrólogo con el que me habéis honrado, bebí la dosis máxima de un espabilante mágico destilado, aun a riesgo de intoxicación. Las calles estaban desiertas. En la plaza, bajo los soportales, tres tertulianos se habían quedado dormidos debajo del farol de la puerta del palacio episcopal. Un perro que perseguía a un gato, se quedó dormido en la carrera, y el felino se durmió también al entrar por la gatera de la puerta de la taberna del Pelado, sólo la cabeza dentro, y el cuerpo fuera. ¡Algo que podíamos llamar prodigio se aproximaba! Yo seguí a la muchacha, que ahora había echado a correr por la calle de la Virreina. Entró en la alameda y se dirigió al palco de la música. Subió las escaleras y se detuvo en el centro del quiosco, cruzando las manos sobre el pecho. Yo la veía perfectamente, porque el halo de la cabeza se había extendido por todo su cuerpo. Ahora estaba sentada en el tabladillo al que sube el director de la banda en los conciertos. Tenía abiertos los brazos, las manos palma arriba, a la altura de las rodillas. Se escuchaba latir su corazón, como si alguien hiciese sonar un pequeño gong de plata. Puedo decir que la niña tomaba la forma de la luna, era como si la luna hubiese entrado en el quiosco y se hubiese posado en el tabladillo del director.

—¡Supongo que habrían barrido el jueves! —comentó un cónsul.

—¡Ahora toca los sábados!

—¡No interrumpan, caballeros!

—Atendía yo a los cambios de luz, que podían ser significativos, cuando el ciervo salido de la oscuridad saltó la baranda del quiosco, y aterrizó ante la virgen. Era unicornio. Yo veía el erguido, luminoso cuerno, blanco, rematado en una afilada punta marrón. Según los tratados, debería hacer tres reverencias antes de tocar con el hocico la falda de la niña. ¡Las hizo! Y apoyando la cabeza en el regazo, cerró los ojos, y se durmió. La virgen cruzó los brazos sobre el cuello del cérvido, y se durmió a su vez. Como es sabido, ambos tienen el mismo sueño, con la diferencia de que la virgen se ve en él en figura de ciervo, y el unicornio se ve en figura humana. Se encuentran bebiendo a un tiempo en el remanso de un río, y las imágenes de ambos, reflejadas en el agua gracias a la luz propicia del menguante, se unen en una sola. En este momento, se acaba el sueño, y ambos despiertan a la vez. El unicornio se levantó de manos, y pareció intentar herir con su cuerno la luna. Bramó, como el corzo en celo en el bosque, y saltó la baranda del quiosco, camino de la noche y su refugio secreto. La niña había perdido su esplendidez y su halo, y corría ahora hacia su casa. El perro lo hacía también tras el gato, despertaban los dormidos bajo los porches, se escuchaban voces, cantó un gallo que iría adelantado de horario... Cuando por fin llegué ante la casa de la virgen, ya la niña había entrado en ella y cerrado la puerta.

—¿Puede declarar la muchacha?

—No recuerda nada, señoría. Pero existe una prueba.

—¿Cuánto tiempo duró la escena?

—Por la cronometría occidental, un cuarto de hora. Por los relojes que transforman en tiempo la potencia cataclísmica, un año completo, bisiesto. Es decir, veintiuna mil novecientas sesenta horas.

—¿Cómo se sabe eso?

—Por arte cabalística magna.

El Canciller hacía girar el anillo de las iniciales en el dedo.

—¿Puede el astrólogo presentarnos la prueba?

Paulos hizo una señal al presidente de edad, el cual tocó la campanilla llamando al bedel.

—¡Que pase la testigo! —ordenó Paulos.

—¿La virgen? —preguntó, súbitamente entusiasmado, el Cónsul de Especies y Vinagres.

—No, su tía carnal.

Entró la tía de Melusina, haciendo reverencias, apretando contra el pecho, bien doblado, el traje azul celeste de la virgen. Paulos pidió permiso para iniciar el interrogatorio.

—¿Eres mi cocinera y ama de llaves, Claudina Pérez, tía de Melusina, doncella?

—Sí, excelencia.

—¿Ese traje que traes doblado, pertenece a tu sobrina?

—Sí, excelencia.

—¿Puedes probarlo?

—Sí, excelencia. La modista Efigenia se lo hizo a medida a la hija menor del contador real, la cual no lo llegó a estrenar porque el mismo día de la última prue-

147

ba, le llegó a la familia la noticia de la muerte de la abuela en el terremoto de Lisboa. En espera de que pasasen los años de luto y de alivio, lo guardaron en un armario, pero aún estaban de riguroso cuando la menor empreñó del mozo del cerero, que llevaba a la casa las velas para el oratorio. Marchó a parir a una aldea, donde casó con un sacristán cojo, al que conmovió con su arrepentimiento. La familia vendió el traje a la llamada viuda de Cesáreo, que pone puesto de ropa femenina en las ferias. Allí lo adquirí yo, con la buena suerte de haberme adelantado al sacristán, que venía desde su aldea a rescatar la prenda, que la añoraba su mujer.

La tía de Melusina extendió, por indicación de Paulos, sobre la mesa el traje celeste, falda larga plisada, en la cintura volante de encaje, el escote redondo.

—¿En qué consiste la prueba? —preguntaba el presidente de edad.

—¡En la baba del unicornio en la falda! —respondió Paulos.

Y mostraba, en el regazo, la mancha de la baba del cérvido. Bien mirado, eran tres manchas, que tenían forma de lengua, de media cuarta de largo, oscuras en el borde y hacia el centro como teñido de oro rojizo.

—¡No sale! —aseguraba, sollozando, la señora Claudina, tía de Melusina, meneando la cabeza.

—¿Se intentó todo? —preguntaba el Canciller.

—¡No sale! Tres lavados con lejía, tres con palosanto, uno con cal marchita y sal… ¡No sale!

—¡Convenía que en la ciudad hubiese un tren de lavado como en la Habana! ¡Los chinos lo limpian todo! —sugirió el Cónsul de Especies y Vinagres, que fuera, como ya hemos dicho, de la Marina mercante.

—Ha sido tratada la mancha alquímicamente por el Licenciado de Simples. ¡Puedo asegurar que es imborrable! Pero aún hay más.

Paulos mostraba la mancha a los cónsules y astrólogos, y con una navajilla rascaba en las partes más rojizas de ella. Al fin lo logró. Una laminilla minúscula saltó, una escamita de oro. (Oro puro, como pudo comprobarse cuando la mandó el Consulado al peritaje de los joyeros.)

—¿Qué hacemos? —preguntaba el Canciller a Paulos.

—En primer lugar, adquirir el traje. En su día, en el museo de la ciudad será la prueba de la visita del unicornio. En segundo lugar, poner un marquito de plata alrededor de la parte de la falda atacada por la baba. En tercer lugar, guardar el traje en una caja de hierro.

—¿De hierro?

—Es lo que advierten los textos para todo resto de unicornio, excepto el cuerno, que se usa en medicina. Es más, los sabios alemanes han probado que si el cuerno del unicornio libra del rayo, sus restos, privados de dicha parte corporal, lo atraen. En Praga, a la caja donde guardan las pezuñas de un unicornio al que le fue dado muerte en Bohemia por el emperador ciego Juan, caja de hierro, le pusieron pararrayos, tan pronto como lo inventó el americano Franklin, y toma de tierra. En cuarto lugar, corresponder con un perito en la materia, inquiriendo sobre el significado de la presencia del unicornio en la urbe en año de cometa.

Todo lo cual fue acordado por unanimidad. La tía de Melusina había esperado hasta el último momento que la ciudad se contentase con el trozo de falda en el que aparecía la baba unicórnica, y le fuese devuelto a la niña el resto del traje. Pasó, eso sí, en lo que tocaba a la indemnización, con lo que la ciudad dijese, que dijo doce pesos, pago al contado.

—¡La niña me estará esperando, y llorará al ver que regreso sin el traje celeste!

—¡La consolará el saber la publicidad que se da a su virginidad en este caso exótico! —afirmó solemne el cónsul de Especies y Vinagres.

—¡Mejor que la perdiese con un mozo cumplidor y de oficio, si es que van a sobrevenirle trastornos como éste! ¡Perdió seis libras de peso!

—¡Daré mi opinión por escrito! —dijo Paulos, cuando se hubo ido su cocinera y ama de llaves Claudina.

—¿«Fasta vel nefasta»? —pretendía el presidente de edad, urgiendo la información.

—No puedo adelantar nada.

—¡Informe pronto, no nos coja la catástrofe, si toca! ¡Servidor se salvó una vez de una riada imprevista, montándose en un cerdo ahogado, que flotaba!

—¡Los cerdos flotan a los siete días!

—¡Vendría con aguas procedentes de una avenida extranjera!

—¿Puedo escribir una carta al «Times» de Londres? —preguntaba el Secretario de Eclipses—. ¡En inglés, naturalmente!

Los cónsules y los astrólogos, contemplando la mancha de la baba del unicornio en la falda del traje de Melusina, se dormían de pie, alrededor de la mesa. El presidente de edad quiso espabilarse y espabilar al resto de la compañía tocando la campanilla, pero ésta no sonó. Quizá se hubiese dormido también.

VI

Paulos le había comprado a Melusina un traje nuevo, también celeste, ablusado, con pechera de encaje. La sentaba debajo del espejo, en unos cojines, y le rogaba, paciente, que le explicase todo lo que pudiese recordar de su entrevista con el unicornio en el palco de la música, y de las salidas a la puerta de la calle, a medianoche, en las vísperas del encuentro con la bestia. Melusina apenas recordaba nada. Había escuchado unas voces, que tiraban de ella de la cama y la llevaban del brazo por las escaleras.

—¿Con qué llave abrías la puerta?

—Se abría sola.

Paulos no había querido que Melusina fuese interrogada por los cónsules y los astrólogos. La confundirían con sus preguntas. Tímida e inocente, miraba a Paulos con sus grandes ojos vacunos, y se estiraba la falda.

—No, no veía el animal; veía tan sólo una mirada, una cinta color de miel, y por encima salía el cuerno, cambiaba de color, se encendía, se apagaba, caía en mi regazo...

—¿Nada más?

—¡Calor! ¡Me ardía el vientre!

—¿No dijo nada?

—No. Roncó cuando le puse la mano en el cuello. Frotó dos veces la cabeza contra mis piernas, y se durmió. La música tocaba muy lejos, más allá de los montes...

—¿Cuáles montes?

—Unos montes, las gentes salían de detrás de los árboles, de las rocas. Tocaban las cornetas, los tambores... ¡Parecía el disco del sitio de Zaragoza! Y me quedé dormida. Cuando desperté, el niño ya no estaba allí.

—¿El niño?

—Bueno, el ciervo. Era como tener un niño en brazos. Desperté y ya no estaba. Los montes ardían. Tuve frío y eché a correr. Tuve miedo por el niño. ¡Tan solo en los bosques!

Melusina lloriqueó. Paulos le ofreció su pañuelo para que se secase las lágrimas.

—¡Gracias por el traje nuevo!

—¿Estás segura de que no te dijo nada, ni una sola palabra?

Melusina cerraba los ojos mientras buscaba en su memoria. Paulos había descolgado el día antes una de las cabezas de ciervo que decoraban las paredes del vestíbulo, y desprendiéndole los dos cuernos, la había hecho frontal unicorne. Convencía ahora a Melusina.

—Querida niña, imagínate que estás sentada en el palco de la música, y que es la hora prodigiosa de la llegada a tu regazo del unicornio. ¿Si cierras los ojos, si recuerdas aquel momento, ves los montes, las luces, escuchas la música?

—Sí, las luces, las cornetas, los tambores... También puedo ver las gentes que salen de detrás de los árboles, de las rocas. Sí, vestidos de amarillo...

—¿De oro?

—Sí, de oro.

—¿Hombres todos?

—También mujeres. Una mujer subida a una roca, abanicándose. ¡Unas veces veo y otras no veo!

Paulos podía introducir su cabeza en la del ciervo. Avanzaría desde la puerta de la despensa hacia el regazo de Melusina, imitando el galope y el brinco final del unicornio. Lo haría en el preciso instante en que Melusina viese y oyese.

152

—Con los ojos cerrados, niña, recuerda, recuerda, recuerda...

Paulos bajaba la voz, y acariciaba con ella la memoria de Melusina, la confiaba, la dirigía... Esto, claro, no valía. Paulos podía equivocar a Melusina, hacerle ver y oír lo que él sospechaba que había visto y oído. Meter en la memoria de Melusina un sueño de Paulos invalidaría todo el proceso de adivinación, el mántico interpretándose a sí mismo.

—¡Recuerdo! —dijo Melusina con una voz diferente, lejana, en la que Paulos creía reconocer al mismo tiempo el terror y una inmensa felicidad.

Paulos se encasquetó la cabeza del ciervo y avanzó a cuatro patas hacia el regazo de Melusina. Ya posaba la cabeza unicorne en el regazo, ya sentía en su cuello la mano acariciadora de la virgen. Melusina lo abrazaba contra su muslo izquierdo. Paulos escuchó a su vez la música aquella de cornetas y tambores, trompas de caza, vio en la roca la mujer de oro, le llegó la suave brisa de su abanico, y se durmió. Soñó que Melusina iba por un camino orillamar, y que él la seguía. La seguía el unicornio, no Paulos, pero el unicornio era Paulos. Melusina tiraba al aire limones amarillos y peces verdes que recogía de la espuma de las olas. Pasó una isla redonda, toda ella una rosaleda, y dijo con voz amistosa:

—¡Adiós, Amadís!

Era por él. Lo dijo la isla con un ligero balanceo de las rosas, que formó labios rojos en el aire.

—¡Adiós, Amadís!

Melusina se volvía de vez en cuando y le acariciaba el cuerno, se lo adornaba con hilos de colores. Melusina corría desnuda por el prado, y Paulos detrás, brincando, también desnudo. La desnudez de Melusina era la humana, pero la de Paulos era la desnudez animal, la desnudez de las bestias en los bosques y en las sabanas. Melusina se detuvo debajo del manzano, cogió la manzana más hermosa, verde, rosa y se la ofreció a Paulos. Era tanta la inocencia del mundo en aquel instante, que haciendo sol, volando pájaros cantores, deslizándose por el aire peces y delfines, niños jugando en los manzanos saltando de rama en rama, comenzó a nevar y se encendieron hogueras en el agua misma de las fuentes.

—¡No la toques!

Era una voz antigua y paternal, como saliendo de caracola, una voz reconocible, acaso la de su tutor Fagildo, pero saliendo de otra boca, de una bocina acabada de agujerear y a la que todavía no se le han conseguido los tonos. Un letrero se interpuso entre él y Melusina. Decía lo mismo que la voz: «No la toques». Las grandes letras negras se unían y separaban, como fuelle de acordeón. Paulos sintió apagarse en él el irresistible impulso sexual, y se estremeció. Despertó y huyó, no corriendo a dos pies, sino a cuatro patas. Las puertas se abrían a su paso. Despertó del todo cuando, a punto de brincar el seto que cierra la huerta sobre el paso de ronda, logró arrancarse, en un esfuerzo desesperado de recuperación de la humana naturaleza, la cabeza del ciervo.

Melusina había despertado también, y se dejaba estar sentada en los cojines, debajo del espejo. La tía Claudina la obsequiaba con un vaso de agua con miel, y le estiraba las faldas, que el ímpetu de la llegada de Paulos unicornio al regazo virginal había levantado en demasía, y Melusina mostraba hasta las rodillas las piernas más bien cortas, pero muy torneadas, con las medias blancas, las ligas rojas con una flor amarilla. La tía Claudina hizo el descubrimiento cuando Paulos entraba en la sala, sudoroso, fatigado, la cabeza del ciervo en la mano, sostenida por el cuerno único.

—¿Lo cazó, excelencia? ¡Ahora quedará la niña tranquila! ¡Mire, mire lo que hizo otra vez!

Y en la falda mostraba la mancha, la misma mancha de baba del unicornio verdadero, las tres lenguas de baba. Melusina lloraba viendo estropeado el nuevo traje celeste.

—¡No volverá a ocurrir! —dijo Paulos, tranquilizándose a sí mismo, tranquilizando a Melusina y al ama de llaves.

—¡Tendrás otro traje celeste, el mejor que haya en la ciudad! ¡Te lo hará a la medida la modista Efigenia! Éste con la mancha, te lo quitas ahora y me lo traes, que lo necesito para graves estudios.

¡Paulos como unicornio! La mancha probaba la realidad de la presencia unicórnica en su casa. Esto suponía, en primer lugar, la firme creencia de Paulos en la existencia del unicornio. No había caído en que tuviera tal convicción. Cuando Paulos metió su cabeza en la del unicornio, veía. Veía a Melusina, la sala, el regazo de la virgen, la distancia, su propia cabeza cérvida en el espejo. Lo que racionalmente no era posible, porque no tenía la cabeza del ciervo ninguna abertura por la cual los ojos de Paulos pudiesen ver. Los ojos del ciervo habían sido sustituidos por ojos de cristal, por el disecador, y eran opacos. Y, finalmente, la baba. La baba estaba allí. Ahora que había secado, Paulos la trabajaba con la navajilla, lograba hacer saltar alguna que otra escama de oro. La mancha tenía un suave perfume a leche agria, como de mamoncete que se babó después del biberón, un perfume adormecedor. Se apartó y se sentó al lado del balcón, aspirando profundamente el aire fresco y puro de la mañana. Lo recordaba todo, a

Melusina desnuda, los peces por el aire, la voz de las rosas gritándole: «¡Adiós, Amadís!».

Recordaba el deseo súbito de poseer a Melusina, tal como estaba debajo del manzano, desnuda, con la manzana en la mano, sin que bajase el brazo, estampa hermosa, tal pintura italiana del Quinientos. Como si Melusina hubiese de tener dos cuerpos, el de la incitación, mostrando la manzana, y otro para el uso, derribado entre sus cuatro patas... ¡Cuatro patas! Sí, las del ciervo unicorne que fue Paulos durante unos instantes. La estampa llena de luz, entre las aves, los peces, los niños, bajo la nieve, rodeada de fuego, y en la hierba la bestia saciándose en una carne cálida y tersa, sombra del cuerpo sin mancha. Paulos se detuvo, al borde mismo de la fornicación, cuando sonó la voz prohibitoria, que aún seguía resonando en sus oídos.

La tía Claudina estaba delante de él, con las manos envueltas en el delantal, no sabiendo cómo empezar su discurso.

—Disculpe, excelencia, pero ahora que está propalada la virginidad de la niña... Ya sabe que hay tres pretendientes, y uno de ellos ya se adelantó mandándole unas ligas. Ahora que está propalada de virgen, sería una desgracia que se desluciese...

—Señora Claudina, la niña sigue virgen, por lo que a mí toca y a la nueva venida del unicornio. ¿Qué dice ella?

—La pobre, como no está estrenada, no sabe. ¡No sabe ni cómo ponerse para el asunto! Tiene el susto y nada más.

—Pues que se le pase. Y mañana mismo que vaya a escoger el nuevo traje.

—¿Le encontrará la flor el que case con ella?

—¡Sin duda alguna!

—Una vez, en el mercado, escuché de una vieja, que conozco de vista, que siempre compra berenjenas, que hacía flores, y en la noche de bodas salían engañados muchos forasteros. ¡Doce pesos fuertes! ¿Es mucho?

—No, no es mucho. Te los daré, para que te despreocupes.

—¿Sin usar la niña?

—Sin usarla. ¡Estáis en mi casa!

—Sí, excelencia. La niña está muy sofocada, y tiene miedo de salir a servirle la sopa. ¡La bañaré en agua alcanforada, que es lo pedido!

Paulos repasaba una y otra vez en la memoria la aventura, la escribía, discutía consigo mismo los puntos más oscuros. Y terminaba interrogándose qué tendría que ver todo aquello, aunque fuese influencia del cometa, con el presente y el futuro de la ciudad. ¿Cuáles datos significativos, cuáles conclusiones? Paulos se sentía como prisionero de la veracidad de su aventura, a la que no osaba denominar sueño. ¿Le diría algo a María? Se llevó la mano derecha a la frente, como buscando en ella el pensamiento, la aparición de la idea que diese solución al problema, y se sorprendió: había pasado la mano de derecha a izquierda, sobre el entrecejo, y de izquierda a derecha, y cuando la mano emprendía el tercer viaje, sin darse cuenta la alzó para acariciar el cuerno, que por un instante, tibio, lo sintió en la palma de la mano. Corrió a mirarse en el espejo. No, no era unicorne. El pelo peinado hacia atrás, aparecía la comba y despejada frente. ¡Fuera no más que un gesto instintivo, que le quedara de su casi instantánea, pasada condición de unicornio!

157

Paulos había solicitado del Consulado un plazo de una semana para la inquisición de la señal del unicornio. Aborrecía los libros en los que podía encontrar alguna noticia, y tumbado horas y horas en la cama, se preguntaba qué significado tenía todo aquello, aparte del personal y espiritual, porque no le cabía duda de que, fuera de lo imaginado, soñado, fabulado, en un momento dado se había producido una misteriosa realidad, su transformación en unicornio. Sería, pues, dentro de él mismo, de sus apetitos y de sus sueños, de su apetito de soñar, donde Paulos debía hallar las respuestas. Paulos, como unicornio —se decía a sí mismo: «como unicornio verdadero»—, había tenido una experiencia que solamente a él afectaba, el sueño con Melusina desnuda, ofreciendo la manzana, el impulso sexual detenido por la voz paterna... Sí, paterna. Nunca, hasta aquel momento, había recordado la voz de su padre. No recordaba nada de su padre, y ahora, sin embargo, reconocía su voz.

—¡«Mistral»!

El pointer se echaba a sus pies, y recogía la cabeza entre las patas delanteras.

Pero el otro, el unicornio del bosque, el que había llegado en la noche a la alameda, al regazo de Melusina, desde los lejanos montes, ¿qué podía decir? ¿Y cómo interrogarlo? La muerte del unicornio, por cazador oculto en la espesura, mientras el ciervo descansa su cabeza en el regazo de la niña, fue puesta de ejemplo por un padre de la Iglesia, tratando de la degollación de los Inocentes. Otro, que alababa la santidad feliz del unicornio, unida a una serena alegría de vivir, explicaba que ni el alma más virtuosa y limpia podía estar descuidada y confiada, que cuando se duerme nadie es propietario de su corazón, y al más santo le pueden venir estampas obscenas al magín, postales con desnudos, y orgías, una entera «sex-shop».

«Duerme el santo unicornio en el regazo de la virgen, y dormido lo alcanza la flecha mortal. ¡Así sobreviene la muerte súbita al hombre!»

No aparecía muy clara la intención del predicador, porque nadie puede impedirse a sí mismo el soñar, ni elegir este ovillo, rechazando el otro. Aceptemos no más que el unicornio es, en cierto modo, imagen de la Muerte. Partiendo de aquí, ¿qué anunciaría Paulos a la ciudad? ¿Una como plaga de Egipto, con muerte repentina de primogénitos? ¿La peste? ¿La guerra? En el primero y en el segundo casos, Paulos, a la vez que el anuncio, debía declarar la medicina. Los primogénitos no morirían, la peste no llegaría a la puesta del sol. Quedaba la guerra, una lejana batalla de la que Paulos podía, por medio de palomas mensajeras, mandar noticias a la ciudad. Uno de los reyes había dicho:

«¡Volveré mi lanza al astillero cuando todas las ciudades del mundo que tienen puente reconozcan mi corona!»

Por ejemplo. Así, la ciudad era concernida por el resultado de la batalla, sin entrar en ella, sabiendo del gran encuentro, de los sanguinarios capitanes, de su libertad o de su futura servidumbre, por una paloma que Paulos Expectante mandaba desde más allá de los montes nevados, de la Selva Herciniana, de las islas de Ulises, del gran castillo del Basileo, de los jardines del Preste Juan. Contra el rey que quería para sí todas las ciudades con puente, había que buscar inmediatamente aliados. Uno era seguro, Julio César. El rey ambicioso de ciudades con puente también tendría los suyos. Paulos ya veía el campo y las armadas. Una llanura atravesada por un ancho río. Aquí y allá, en los recodos, reconocía Paulos chopos y sauces. Al oeste, se dibujaba un ancho estuario, entre colinas bajas, cubiertas de pinos, y hacia el sur, desde donde Paulos contemplaba el despliegue de los ejércitos, la llanura era cereal, mientras cubrían las faldas de los montes extensos robledales. Era la víspera, y Julio César, al igual que los otros reyes, se apeaba del caballo ante su tienda.

Llamaron a la puerta de la casa cuando Paulos buscaba los nombres de los reyes. Bajó a abrir, que estaba solo, que Claudina y Melusina iban a casa de la modista Efigenia.

—¡Buenas tardes! Soy el cobrador de la recogida de basuras.

Mostraba a Paulos el recibo. El cobrador daba vino con el aliento.

—Usted, además de cobrar los trimestres, recoge.

—Sí, señoría.

—¿Podría ahora mismo llevarse esto?

Y le mostraba al cobrador y basurero la cabeza del ciervo, transformada por su arte en unicornio. Comenzara a ablandar por el hocico, y le había caído uno de los ojos. No obstante, en el cuerno, que Paulos había librado de puntas y palas, aparecían como unos brotes verdes, brotes vegetales, por ejemplo de camelia. Por el hueco del ojo de cristal perdido, Paulos creía ver un rayo de luz.

—Precisamente —dijo el cobrador—, traigo aquí la muestra de las nuevas bolsas.

De la cartera, sacaba una bolsa amarilla, muy doblada, y la desplegaba ante Paulos. La bolsa tenía impreso el escudo de la ciudad, con el letrero a sus pies, «Servicio de Limpieza».

—De papel inglés, impermeable, con cierre de pegamento instantáneo —explicaba el cobrador.

—Bueno, llevarme ahora esa cabeza, es trabajo extra...

Paulos, pagándole, añadía la propina. El cobrador metió en la bolsa la cabeza del ciervo, y demostró el cierre de pegamento.

—¿Dónde la va a tirar?

—¿Qué le parece una quema?

—¡Lo más conveniente!

Cuando Paulos hubo despedido al cobrador de basuras, y cerrado la puerta de la casa, vio en el segundo escalón del patio el ojo de cristal del falso unicornio. Paulos percibía que el ojo de cristal lo miraba irónico, giraba para contemplarlo mejor mientras Paulos subía las escaleras. De pronto, se apagó, y Paulos, descendiendo las escaleras, se acercó a él, y lo empujó con la punta del pie. Abrió la puerta, y lo lanzó fuera de casa, hacia el sumidero abierto en una losa, frente a su casa.

Cuando Paulos introdujo el ojo de cristal del unicornio en el sumidero, esperó a que dijese algo. Pero no dijo nada. Ni percibió el golpe de la caída contra el lecho de chapacuña de la alcantarilla. De las pasadas lluvias habría quedado una cama de lodo.

Los reyes en presencia

Los cónsules bajaron hasta la puerta del puente para decirle adiós a Paulos. Éste había imaginado una salida de la ciudad que hiciese ver a todos que se encontraban en horas verdaderamente fértiles en prodigios. La estampa inglesa, con la imagen del caballo lucero Aquiles, estaría colgada del legüero con reloj de sol que había a la entrada del puente, a la derecha viniendo de Roma. Cuando toda la ciudad, con sus cónsules al frente, estuviese reunida para despedirle, Paulos pediría permiso para acercarse a una dama enlutada que se mantenía a distancia, en el camino de ronda, junto al primer ciprés. Los jilgueros confundían el ciprés y la dama de negro, se posaban alternativamente en uno u otra. Paulos se acercaba a María, levantaba el velo que ocultaba su rostro, y la besaba, apasionadamente. Paulos ponía una rodilla en tierra e inclinaba la cabeza, mientras María desaparecía tras la puerta de la Batería, seguida por seis damas. Los jilgueros, un momento quietos en el aire, no sabían a qué ciprés quedarse. Paulos se acercaba a la estampa inglesa, y decía las palabras que resucitaban a Aquiles, el cual brincaba, alegre, nervioso, un seis años en plena forma, de la lámina a lo vivo. Paulos montaba, y levantaba el brazo despidiendo a la ciudad, súbitamente silenciosa, que veía partir al paladín hacia el lejano campo de batalla en el que se iba a jugar el destino de la urbe. Tras de Paulos, cabalgaría un criado, el cual en una pértiga llevaba colgadas dos jaulas, cada una con dos palomas mensajeras. Paulos imaginaba que cuando él ya no viviese, pasados cien años o más de aquella despedida, en las tiendas bajo los soportales, en la plaza, se venderían láminas en las que aparecería jinete, con el brazo levantado, contemplando la ciudad que se veía al fondo, encaramada a la colina, con todas sus torres. Al pie de la lámina se podría leer: PAULOS EXPECTANTE

SALIENDO EL DÍA DE SAN MARTÍN HACIA EL CAMPO DE BATALLA CONTRA EL REY TIRANO ACAPARADOR DE CIUDADES CON PUENTE. *O mejor que dijese simplemente:* DON PAULOS DESPIDIÉNDOSE DE SU CIUDAD. *Podría despedirse en verso, en cuatro octavas, por ejemplo. Sería cosa de escribirlas.*

Paulos había complicado casi sin darse cuenta el asunto de la infuencia del cometa. Pudo haberlo resuelto, tras las pruebas de los visitantes de la tarde, el río que vuelve a la fuente y la aparición del unicornio, con una interpretación favorable, que augurase a la ciudad días felices. Se representaría la pieza con monstruos, fuegos y Filomena funámbula, del cómico Policarpos, y el añadido de una verbena. Paulos podía aprovechar la fiesta para casarse con María en la iglesia de San Miguel. Pero, ahora, se veía obligado al camino, a largas jornadas viajeras. El caballo que le había ofrecido la ciudad era un cruzado de percherón y bayo húngaro, colilargo y flaco, calzado, pacífico y poco amigo de que lo sacasen del trote corto, y al segundo día de viaje, subiendo al puerto de la Selva, donde aquí y allá cuajaran las primeras nieves, se acatarró. Sí, mejor hubiese sido darle a la infuencia del cometa un feliz final, y estar ahora mismo en casa, viendo a Claudina y Melusina desgranar el maíz amarillo, escuchando las horas en el reloj del salón, esperando a que María apareciese con la taza de leche recién ordeñada... Pero ya estaba en lo alto del puerto de la Selva, oteando horizontes.

—¿Y las palomas? —le había preguntado el presidente de edad, ofreciéndole como prueba de amistad un caramelo de café y leche.

—Ya llevan tres días de camino, portadas en una jaula secreta por un criado mío, que tiene el alpiste muy estudiado, y sabe tener a las palomas con la dieta mínima,

*para que cuando se las suelte regresen veloces al palo-
mar, soñando con el comedero lleno. El bedel irá todas
las mañanas y todas las tardes a mi casa, a ver si llegó
paloma, que estará de descanso en la jaula del signor
Fetuccine, que queda con la puerta abierta en la solana.*

*Ya vería cómo solucionaba el asunto de las palomas
mensajeras. Se despedía, volviendo la cabeza, del país
natal. Las redondas montañas de la Selva, las aguzadas
colinas que rodeaban el valle, la claridad de la marina
entre dos de ellas, que aparecían azules, y al pie de las
cuales el río llegaba al mar. Un milano volaba describiendo grandes círculos, a veces casi parándose en el aire,
para volver al vuelo en seguida. Los bosques, vestidos de
todos los colores, se desnudaban de sus hojas. Pasó una
inmensa bandada de estorninos hacia el suroeste.*

*—¡Van a los olivos de Provenza! —se dijo Paulos en
voz alta.*

*Paulos, para el viaje, se había vestido medio de soldado
romano, medio de Lanzarote del Lago, según grabados
de libros. Y viendo acercarse por un sendero a la derecha, abierto en el brezal, a dos que serían pastores, a
juzgar por los cayados y los zurrones, tuvo como ver-
güenza, y por vez primera en su vida, de las farsas de
sus sueños, y estuvo a punto de cubrirse con la capa
negra que llevaba doblada, medio abrigándole las desnudas rodillas de legionario. Pero pudo más en él el
espíritu de sorprender, el ansia perpetua de jugar, y solicitó del caballo un galope, y éste se lo concedió, quizás
ayudado por el aire vivificante de las alturas, por una
mano de viento en la cumbre. El rocín galopó más bien
torpón y calcándose de grupa, que podía más en él la
sangre normanda que la vivaz de los caballos de las lla-
nuras magiares, pero galopó. Los pastores se detuvieron*

167

viendo pasar el insólito pasajero, y por si era un príncipe extranjero, saludaron quitándose los gorros de piel de cabra. Paulos les correspondió a la romana, tendiendo el brazo, como César. En la primera vuelta, el caballo cansó y volvió a su trote, corto y balanceado.

—"...ludum esse necessarium ad conservandam vitam". Sí, lo dijo Tomás de Aquino. Para la conservación de mi vida, al menos, lo es.

Por vez primera, también, se daba cuenta de que el juego de los sueños, con los sueños, lo apartaba de la comunidad humana. En realidad, nada le alegraba ni le dolía. Se preguntaba si amaba a alguien. Quizás estas jornadas de viaje, por la soledad de los montes, sin compañía alguna, le permitiesen reflexionar sobre su persona y su destino. Como lo hace un ermitaño, en la paz sin horas de su refugio silencioso. Y fue entonces cuando se le acordó la ermita de su tío Fagildo, el amable tutor. Podía bajar hasta la Garganta, y entrar en ella, ahora abandonada, solamente visitada en mayo por algún devoto de remotas aldeas, a las que no había llegado todavía la noticia de que allí ya no había santo. La ermita sería el gran refugio durante los siete días que había imaginado estar fuera de la ciudad, cabalgando hacia el campo de la batalla de los cuatro reyes, y regresando para ampliar las nuevas enviadas por carta urgente por la paloma mensajera. Se envolvió en la capa, se cubrió la cabeza con la capucha, y repasando el puerto, tomó el atajo que conducía a la Garganta. Todavía quedaban dos horas de día. El rocín tosió, y apresuró el paso creyendo que volvían a casa. Era de un vinatero, que lo usaba para repartir los pellejos por las tabernas, y no dormía bien si no le llegaba a la cuadra el olor de la bodega, en la que su amo trasegaba. Tosió dos veces. Paulos lo palmeó en el cuello. Atravesaban

168

ahora un hayedo, bajando desde el puerto hacia el ca-
mino real. En la bruma del crepúsculo, se veían luces
lejanas, que parpadeaban como estrellas. En el rumor
oscuro de las hayas parecían confundirse murmullos
humanos.

I

Paulos había logrado entrar en la tienda de David, una tienda enorme por la que el joven rey paseaba jinete en un tordo inquieto. Paulos seguía, como si fuese de su séquito, a un anciano que llevaba una larga espada al hombro, y al que acompañaba un joven que podía ser su nieto, y que en una red, en banderola, portaba dos hogazas de pan.

—¡Pasad! —dijo el de la puerta, que aunque era de día tenía la linterna encendida, y llevaba el haz de luz al rostro de los viajeros.

Era un enano que daba el perfume del hierro asesino, que no hay mano de criminal que no acaricie el arma en las vísperas del suceso, en las horas de la premeditación, y en la punta y en el filo queda un aroma del sudor de las manos y del alma.

De vez en cuando, del fondo de la tienda, en la parte de la derecha, donde se acurrucaban las mujeres, salía el grito:

—¡Saúl mató mil y David diez mil!

Otras mujeres coreaban, y la palabra mil la rebotaban los ecos de las cuatro esquinas, y fuera de la tienda, los ecos del estrecho valle. David sonreía, inclinándose para mejor apaciguar el tordo, palmeándolo en el cuello y en el pecho. Se detuvo delante de Paulos. David, en la edad antigua, era moreno, tostado por los soles que lo vieron pastorear, el cabello negro, los ojos oscuros, pero ahora, por influencia de la pintura toscana y de Flandes, era gentil mancebo de ojos azules y blonda cabellera. Paulos desprendió el fijador de la capa y la dejó caer al suelo, apareciendo ante el rey con el uniforme romano-artúrico que usaba en su salida para la guerra.

—¿Eres extranjero?

—De una ciudad pacífica.

—¿Al norte?

—¡A poniente!

—¿Cómo es poniente?

—La tierra, en puntas rocosas y en bahías tranquilas, se asoma a un gran mar, que llamamos el Océano. El sol se pone en el horizonte marino, y regresa por misteriosos y divinales caminos para que los de levante tengáis albores al siguiente día, tengáis otro día.

—¿Quién reina en el Océano?

—Nadie. Las naves van y vienen, libres.

Paulos estuvo a punto de explicarle al rey David lo que eran las polis griegas cuando el sucesor de Saúl le preguntó quién gobernaba en su ciudad.

—Tenemos un protector lejano, con la ventaja de no saber dónde está su castillo, y para la vida cotidiana hablamos entre nosotros en la plaza o mientras nos afeitan los barberos examinados, y por votos secretos designamos siete ciudadanos para que administren los dineros públicos, el agua de las fuentes, fijen el precio del pan y observen la calidad del vino, elijan maestros para la juventud, y caballos padres y toros y verracos para las paradas. Sabemos injertar manzanos, tejer lana y construir puentes.

Podía Paulos explicarle a David lo que era el teatro, la escopeta, París, los fuegos artificiales, el reloj de bolsillo y el daguerrotipo, pero prefería aquella enumeración de cultura arcaica, al alcance de la sabiduría del monarca veterotestamentario.

—¿Os circuncidáis?

—No.

—¿Cuántos dioses?

—¡Uno solo, todopoderoso, creador del cielo y de la tierra!

—¿De la nada?

—¡De la nada!

—¿Cómo se salvaron vuestros padres del diluvio?

—Había entre las gentes de poniente, que entonces vivían pastoreando grandes rebaños de caballos de crin plateada y capa color de miel, un hombre y una mujer cuyas almas rebosaban inocencia, como de niños en la víspera de decir la primera palabra y dar el primer paso. Desde la creación, todavía no había llegado ningún malvís a la isla hasta aquella misma mañana. Su inocencia les permitía escuchar pájaros a siete leguas de distancia. Cada uno las recorrió por su camino por ver en una rama de camelia a aquel nuevo y feliz trovador. Se cogieron de las manos para escucharlo a mediodía, porque así se lo pidió el ave, y les cantó una soledad, y después les pidió que entre los dos abrazasen el árbol, y les cantó una vidalita, y tan hermoso era el canto, y puedo decirte que los hechizaba, que no se dieron cuenta de que comenzaba a llover. La isla se inclinó de estribor, y toda la gente que la poblaba cayó al mar, menos el hombre y la mujer inocentes, quienes abrazados a la camelia estuvieron los cuarenta días y las cuarenta noches del diluvio. La isla se elevó sobre las aguas los codos suficientes para que bajo ella pudieran pasar Leviatán y las otras ballenas.

—¿Y se casaron y tuvieron hijos?

David le sonreía a Micol, que estaba a su derecha, pasándole un brazo por debajo de la pierna, y asomando la cabeza por encima del cuello del caballo. David acababa de recobrar a Micol, y sonreía. Paulos sonrió también.

—Sí, tuvieron hijos, pero tuvo que venir el ángel Rafael

a enseñarles cómo hacerlos, porque ellos, en su inocencia, y entre escuchar el malvís y cuidar del fuego, nunca hubieran caído en la cosa.

Las mujeres se fueron, los hombres también, el anciano de la espada y el mozo que llevaba en una red en banderola dos hogazas. La mirada de Micol volvía a David desde todas y cada una de las puertas de la inmensa tienda, en la falda del monte Hebrón. David y Paulos, sentados en la hierba, se turnaban ordeñando una cabra. David sacó del zurrón el colador de lana, y colaba la leche en los dos cuencos de madera. Bebieron en silencio, y David sacó agua del pozo para lavar el colador. Se volvió a Paulos y le mostró un hilo negro.

—¡La tercera de mi laúd, Paulos, que había saltado y aparece ahora en el colador! ¡Ayer noche no pude darle una serenata a Micol a causa de su pérdida!

Se sentó de nuevo. Comieron higos pasos y repitieron de la leche. La luna nueva aparecía como posada en la cumbre.

—¿Y ese rey que dices que quiere hacer suyas todas las ciudades del mundo que tienen puente?

—Ignoro su nombre. Por ahora, él y sus ejércitos no son más que una polvareda en el horizonte.

—¿Cuándo piensas que aparezca ante tu ciudad?

—Se detendrá a orillas de un río, en un país llano, esperando que formen en «ordo lunatus» los ejércitos de los tres reyes que nos defienden.

—Tres, si contamos contigo —insistió Paulos ante el silencio de David.

—¡He de soñar mi ayuda, Paulos!

Y apoyando la cabeza en el zurrón, se estiró, cruzando las piernas, y se quedó dormido. Paulos extendió su capa por encima de David, protegiéndolo de la rosada nocturna.

¡Otro como él, aquel David, rey de Jerusalén! ¿Cómo entrar en sus sueños, elegirlos, mezclarlos de manera que en ellos surgiera la visión casi sacra de la ayuda? Podía soñarle una batalla a David, haciéndolo salir, hábil hondero, de un bosquecillo de abedules contra el rey, enorme, cuya cabeza surgía, dorada y cornamental, sobre la espesa polvareda. Pero para que el sueño suyo, el sueño de Paulos, fuese a la vez un sueño de David, tenía que estar seguro Paulos de soñarlo él si se dormía. En el sueño tenía que ser perfecto el giro en el aire de la honda, antes de que la piedra saliese. Ya tropezaba Paulos, figurándose el momento del lanzamiento, en la forma de la piedra, si redonda como las que los pastores mandan, en los rebaños, a los cuernos del macho de guía, si en forma de pera, por la cabeza aguzada, como la que se tira al lobo merodeador. ¿Cómo fue la piedra que abrió la frente de Goliat? Antes de usar la honda, David podía volver la mirada hacia la ciudad que se disponía a defender. La ciudad estaba en el aire, como ciudad de espejismo, rodeada de colinas doradas y en sus balcones, en sus terrazas, en amplios lechos, estaban Micol, la mujer de Urías, Abisag, suplicantes, inmensamente tristes, y a la vez tibias, dulcemente amorosas, las túnicas vespertinas dejando ver los pechos, redondos los de Micol, abundantes y blanquísimos los de la mujer de Urías, pequeños los de Abisag. No lograba Paulos imaginar lo que impulsaría a David a tomar parte en la batalla, y por ello recurría a todo, veía, su cabeza posada en la hierba, tocando el zurrón de cuero en el que David apoyaba la suya, durante unos minutos inmovilizando las escenas, veía, digo, a David en el bosquecillo de abedules, a David contemplando la ciudad, a David entre Julio César y el rey Arturo, a David escuchando un ángel que lo decidía a acercarse al vado, en

175

la llanura, donde el rey enemigo plantara su tienda y se reía del pequeño pastor...

Paulos se retiró al fondo de la cueva. El cadáver de Fagildo lo habían trasladado al camposanto de la Selva cuando, pasados algunos años, visto que nadie se ofrecía para ermitaño, el obispo dispuso que la imagen de san Dionisio subiese a un altar lateral de la iglesia de los Santos Mártires. Su bandeja seguía dando dinero, de dos onzas a tres por año, y le eran muy fieles los canteros. En el asiento de una silla arrimada a la pared, el asiento roto, la silla con sólo tres patas, Paulos encontró el cráneo del pointer «Mistral». Estaba limpio y completo, atado con un alambre. Lo tomó en las manos ambas, y pensó en ponerlo ante David como testigo de la infancia pasada en aquel retiro, aprendiendo de oídas la variedad del mundo. Quizás anudando su infancia a la infancia de David en Belén, consiguiera adentrarse en las memorias infantiles de éste, y hallar en ellas el resorte que disparase a David en favor de su ciudad. ¿Habría tenido David, en casa de su padre, un perro de caza?

—Esto es lo que queda de mi compañero «Mistral», que dormía a mis pies. ¿Dónde van los alegres ladridos con que me saludaba?

Paulos hablaría de «Mistral», que tenía una postura para decir que iba a llover y otra para indicar que levantaba la niebla, y era muy juguetón, y sabía recoger, doblando la larga y roja lengua en cucurucho, en la fuente un algo de agua; se acercaba a Paulos, que dormía a pierna suelta, y se la echaba en la cara, despertándolo para que pasase en seguida al italiano o a las cuatro reglas. Paulos, en la víspera de los otoños, sabía cuando «Mistral» comenzaba a soñar con la caza, con las frías madrugadas en el monte, rastreando el gazapo, parando la perdiz... Paulos acariciaba el cráneo mondo y lirondo de «Mistral» y la palma de su mano encontraba el suave pelo de antaño, el húmedo hocico. Imaginaba el retrato del perro, extrañas virtudes y prodigiosas acciones, y se iba olvidando de David y de su honda. El pensamiento de «Mistral» era un pensamiento humano, capaz de reconocer en el alma de Paulos que su joven amo vivía horas de indecible soledad. La voz de «Mistral» le llegaba, distinta:

—¡Yo también echo de menos unos pasos de mujer en la casa! ¡Aunque un perro siempre es una especie de viudo!

Paulos podía enviar, en vez de paloma mensajera, a «Mistral» a la ciudad, con la noticia de que había llegado, para defenderla, el rey David.

—¿Con cuáles armas? —preguntaba el Canciller, con la voz cansada de siempre, acariciándose las manos.

«Mistral» alcanzaría del cinturón del correcanes de la Basílica, quien se dejaba hacer, sorprendido, la honda que colgaba allí, y escupiendo una piedrecilla redonda, cogida en la ribera del río, que llevaba oculta en la boca, preparaba el disparo, y lo hacía, violento. Sería mucho el pedirle a «Mistral», además de servir de hondero, el que tuviese puntería. La piedra salía hacia la puerta, y daba en la bandeja con agua fresca y azucarillos de «La Valenciana», que justo en aquel momento entraba con ella en la sala el bedel, quien sospechaba que la gran noticia habría desatado una repentina sequedad nerviosa en las bocas abiertas, estupefactas, de los señores cónsules.

El ruido de la bandeja al caer, de las copas al chocar con el suelo, y quebrarse, sobresaltó a Paulos, quien se acordó de David, y corrió hacia donde lo había dejado dormido.

—¡Huyó! —les explicaba Paulos al caballo y al cráneo de «Mistral».

Paulos recogió del suelo la capa y se envolvió en ella. Amanecía. Una luz lechosa bañaba las altas rocas del borde de la garganta. Despertaban unos cuervos en lo que fuera corral de las cabras de Fagildo, y volaban hacia la luz. Los habría despertado el hambre. Sin el cuidado del ermitaño, el agua que bajaba por el sendero, libre de los tres contenedores de pizarra, que habían caído, excavara una profunda cuneta frente a la ermita, que ahora derramaba en el salido de los juegos infantiles de Paulos, montado en caballo de cartón, o cazando mariposas, clavadas después con alfileres de negra cabeza en una lámina de cartón. Había de ponerles sus nombres latinos cuando fuese a las grandes escuelas, a estudiar las ciencias. Desde el fondo de la Garganta se veían pasar, allá arriba, oscuras nubes bajas, hacia el este. Amanecía un día de lluvia.

Aún no había comenzado la batalla, y ya Paulos había perdido un rey. David estaría, vestido con una bata bordada a la moda de Ispahán, en la terraza de su palacio, esperando a que saliese del baño a tomar el sol en la suya la mujer de Urías. Paulos no había sido capaz de soñarle al rey de Jerusalén motivos que le obligasen a comparecer en la hora de la batalla. De pronto, recordó que David era músico. El mismo David había aludido a su laúd, a una tercera que le saltó al afinar. Pudo retenerlo con el comienzo de una canción, interesarlo en ella, procurando que David se encaprichase en encontrarle el refrán. ¡No haber recordado que era músico! Con los otros reyes amigos debería ser más suasorio. Se quedó dormido masticando un trozo de manzana, soñando de nuevo la escena de la llegada de «Mistral» ante los cónsules con el aviso de la ayuda del rey David. El perro tenía la misma cola y la misma capa que de vivo, salvo la cabeza, que era el cráneo mondo. Los cónsules se consultaban entre ellos. Un intérprete explicaba que el perro, pese a estar muerto, como lo probaba el que parte de él fuese ya esqueleto, por amor de Paulos había continuado viaje, a dar la noticia de David a la ciudad. Metían el perro en el frigorífico, para que se conservase sin más deterioro hasta la llegada de Paulos. El intérprete era el propio Paulos, de pie junto al mapamundi.

II

Paulos conoció por el color verde del tabardo al escudero de don Galaz, y se dirigió a él, atravesando el patio, en el medio del cual, en los pilones en cruz de la fuente, abrevaban algunos caballos. Si se hubiese parado a ello, los hubiese reconocido, el de Parsifal, el de Galaor, el de Galván, el de Lanzarote.

—¿Eres Matías, el servidor de don Galaz?

—¡El mismo, para servirte!

—Me sorprendió verte en este patio, que creía que andabas por las selvas con tu amo. ¡Por tu tabardo verde no pasa un día!

—¿Quién eres?

—Soy el astrólogo de la ciudad de Lucerna, y vengo a Camelot a solicitar audiencia. ¿Está el rey Arturo disponible?

—Según cómo se mire —respondió Matías, quitándose el sombrero, que lo era redondo y con toquilla.

Era un pernicorto grueso y colorado, perrera de donado, mofletudo, manchado en la derecha mejilla con una mancha en ramillete de perejil, desdentado de arriba delantero, y con el vicio de pasarse la larga y gorda lengua, casi perruna, por ambos labios. La frente la tenía surcada por anchas arrugas, de tanto fruncir, que le quedara el gesto de una temporada en la que, habiendo escuchado el mar en las cuevas de Tule, andaba medio sordo, y fruncía mostrando que se extrañaba de lo que le decían, para que se lo repitiesen.

—Según cómo se mire —repitió—, y según la calidad de los forasteros que piden audiencia. ¿Qué quieres de él?

—Quiero hacerle una petición secreta.

—¿Cosa de armas?

—Sí.

—¿Ha de salir al campo?

—A cien leguas, en un llano surcado por un gran río.

—Creo que no podrá salir tan lejos, que ahora tiene un físico de escalafón que solamente le deja montar los viernes, y eso en una yegua que después de un catarro que pescó un día en el que heló en Toledo, que la dejó al aire libre en la fría noche un amante de doña Galiana, al curar con infusiones de sen se puso obesa. Hubo que hacerle una albarda camera, como las que usan las mujeres de Irlanda, cuando regresan de parir en los atrios de los monasterios, y en ella va Arturo cómodo, medio tumbado, y donde antes iban los paladines de la Tabla, ahora va el físico susodicho, con un oficial de pomadas detrás y otro de clísteres, que lleva la pera de piel de cordero nonato tapada con una servilleta bordada.

—¿Ya no da batallas?

—Según cómo se mire.

Ésta era la frase que le venía más fácil a la boca en la conversación. Sacaba la lengua, remojaba los labios, y se ponía la mano derecha en el mentón.

—Tiene que haber camino ancho para que pueda ir a ellas, por la amplitud de la grupa y del vientre de la yegua, y calculado el viaje para que cuando llegue a campo esté en el cuarto de hora que ese viernes de turno le está permitido cabalgar como jinete, y no tumbado en la albarda camera, ya de lado, como estatua yacente, leyendo en libro, ya panza abajo, en expectación del clíster. De modo que aunque quiera salir a la batalla, si no sabes exactamente la distancia no podrá acceder a tu pedido. ¡Imagínate lo que sería para el honor de

Arturo y de Bretaña el que, al llegar a esa llanura que dices surcada por un gran río, le tocase la guardia de panza abajo, y apareciese de culo ante el enemigo, que la cabeza la lleva descansada sobre la grupa, y las piernas colgando del cuello de la yegua obesa! ¡Dicen que la más gorda del mundo!

—¡No sabía que estaba tan delicado el gran rey! —comentó Paulos, quitándose la birreta, e inclinando la cabeza, respetuoso y compadeciente.

—¡Más jodido que delicado! —apostilló Matías—. ¡Ya sabrás lo soñador que fue siempre de aventuras montadas!

—¿Hay más novedades? —le preguntaba Paulos a Matías, pasándole discreto una moneda de plata, haciendo que miraba si había damas en las ventanas.

—Según lo que se entienda por novedades. ¡Para ti, que eres forastero en Camelot, casi todo lo que ahora es para nosotros el pan nuestro de cada día, será la edición de última hora!

Con la punta de la lengua, le señalaba Matías a Paulos los caballos que abrevaban en la fuente.

—¿Ves lo quietos que están, las cabezas siempre inclinadas?

—Veo. ¿Están encantados?

—¡Nada de eso! ¡Son de cartón!

—Pues muy bien imitados. ¡Yo estaba reconociendo el ruano de don Parsifal!

—De cartón, recubiertos con verdadera piel de caballo, eso sí. Los sacaron hoy para quitarles el polvo, que lo más del tiempo lo pasan en las cuadras. Según se mire, todo sigue igual. Quiero decir que igualito para el forastero, como tú, o para los embajadores. Llenamos el patio de caballos y de gentes atareadas, yo arreglando la correa de una espuela, otro herrando el único caballo de verdad que queda de las antiguas cuadras, y que pese a sus cincuenta se conserva lozano, porque en un descuido de don Lanzarote se comió unas pastas cosméticas que el caballero traía para doña Ginebra, y que eran rejuvenecedoras del cutis. Pasa los días adormilado, toqueando siestas, y espabila algo cuando lo van a buscar a la cuadra, que ya sabe que es para herrarlo, y aunque está consciente de que es teatro el que se diga a su alrededor que lo hierran porque va a ser montado, que aguardan a su amo en el palenque de Vindilisora famoso, busca mostrar la fuerza antigua. La escena tiene que durar solamente unos minutos, los que tarda en cruzar el embajador el patio, que al bayo Cercedilla, que así le llaman desde el almuerzo de cosmética, porque le dio por rechazar las yeguas y ponerse de perfil a la anochecida, para que lo admirasen los potros; digo que al bayo Cercedilla le entran sudores, y a veces tiene que arrodillarse, por las calambres. Hubo el proyecto, cuando se fabricaron los caballos de cartón, de ponerles maquinaria alemana, que les hiciese levantar la pata, mover el cuello, y a dos o tres se les metería en el pecho un tubo aspirador de aire, y éste pasaría por dos palletas de madera de saúco, con lo cual los caballos relincharían. Eso sí, solamente los días de fuerte viento, porque la fuerza que había de mover el aspirador la proporcionaba el viento en las colas de los caballos. A las colas se las pondría rígidas, para que el norte o el oeste tuviesen que hacer más fuerza, y giratorias. ¡La técnica del molino de viento!

—¿Y por qué no se hizo?

—¡Por el déficit perpetuo de este reino!

Paulos, con la cabeza baja, meditaba.

—¡Pues yo necesitaba a Arturo en el campo! —dijo más para sí que para Matías, quien con la aguja de cabeza verde intentaba sujetar mejor en el sombrero la toquilla, ya muy usada, color violeta.

—¡Pues sube a verlo! Yo no te puedo acompañar hasta su cámara, porque, si te fijas bien, soy el único humano vivo en el patio, excepto aquel otro, que es negro, y lo trajeron de un circo que se disolvió en las Galias, para probar a los visitantes de Camelot que el reino de Arturo llega hasta California. Cuando entran forasteros o embajadores, se desnuda de cintura para arriba, y se enjabona, y lava, y aun se friega con un cepillo de esparto, y así está una hora larga, probando que es negro verdadero y no teñido. Antes hacía toda la maniobra espontáneo, pero ahora, por el reuma que tiene, solamente cuando la visita que recibimos decide la Tabla que es de futuro, se le ordena.

—¿Qué es de futuro?

—¡De resurrección, como cuando rebrotó el reino del Pescador! Y puede decirse que el negro, que se llama Panchito, y servidor, somos hoy la centinela del señor Arturo. ¡Pasa, sube las escaleras, y entra en la cámara, a mano izquierda!

—¿Sin llamar?

—¡Un se puede nunca está de más!, pero la cama está tan al fondo que casi seguro que no te oye, y aunque te respondiese, difícilmente le oirías tú el ¡adelante! Cuando salgas de la recepción, si quieres convidarme a una cerveza, todavía estaré arreglando la correa de esta espuela.

Paulos atravesó el patio, mirando hacia las ventanas del pabellón que coronaba la Torre de los Tapices, donde moraba, según los textos, la reina Ginebra, por si pasaba, como una luz, la dorada cabellera. Al pie de las anchas escaleras, estaban dos mujeres intentando empalmar por el vientre el cuerpo de cartón de don Galaor.

Otros cuerpos yacían por el suelo, desnudos, mientras de altas perchas colgaban los ricos vestidos. Paulos reconoció una de las cabezas, por el bigotillo rubio y la cicatriz en la mejilla izquierda. Era la de Galván Sin Tierra.

—¡Galván! —les dijo a las ancianas, las cuales suspendieron el trabajo de empalmar a Galaor, y le preguntaron, las dos al mismo tiempo, pero con voces muy diferentes, la una aguda y la otra ronca, como si entre las dos hiciesen una gaita gallega, quién era.

—¡Lo encontré una vez en el camino de París! ¡Me llamo Paulos y vivo en un país del Mediodía!

Paulos nunca daba otro nombre que no fuese el suyo. Una noche, en Milán, salió de la casa de su preceptor ocultándose, con sólo el permiso del ayuda de cámara, que era un violinista a quien en un pizzicato le habían quedado montados los dedos de la mano derecha, el meñique sobre el índice, y el dedo del medio desprendido y travieso, y decía que fuera con la emoción de estrenar aquel pellizco como solista, que le había bajado demasiada sangre a la mano, lo que produjo la catástrofe. Y así quedó, sin que hubiese cirujano que quisiera operarlo, por la movilidad del dedo atravesado, que cambiando de posición el ayuda de cámara, el dígito, como aguja de brújula, buscaba el norte, y si hacía falta para lograrlo que bajase hasta asomar por debajo del pulgar, bajaba. Pues el ayuda de cámara, que nunca más volvió a sujetar el arco, y servía al signor Giorgio Calamatti da Monza con la mano izquierda, porque al caballero le molestaba mucho ver la infusión de manzanilla que venía en el pocillo derramada en el plato, lo que es seguro que pasase si la bandeja la presentase Nerone Carlo Trivulzio con la diestra, viendo salir a Paulos nocturno con los borceguíes en la mano por no hacer ruido, le sonrió de modo confidencial, diciéndole casi al oído:

—¡Las coristas son «molto versatile»!

Paulos sonrió a su vez, tomándose por hombre, y orgulloso de que lo tomasen, y la verdad es que salía a buscar el paraguas que le había regalado el escribano que fuera a hacer el testamento de Fagildo, y que lo dejara colgado de una aspillera en la garita del punto de la puerta falsa de la Academia Sforzesca, que no estaba en uso desde que tapiaran la susodicha puerta falsa. Paulos, por no ser reconocido por algún vigilante de estudios que hiciese la ronda, se echó el cabello sobre el rostro, y marchaba con la visión de un solo ojo. Recobró el paraguas, y regresó haciendo tiempo, para darle sospechas a Nerone Carlo Trivulzio de que la cita había sido lograda, contemplando «il Duomo» a la luz de la luna, y deteniéndose ante un palacio, porque una mujer abría una ventana de la sala del bajo, apagaba el quinqué, y asomada tarareaba una canción de moda. La mujer vio a Paulos, y le chistó por dos veces, y con una mano blanca, que lucía en la noche como plata, lo invitó a que acercase. La mujer olía a violeta. Con una voz que hacía soñar en el terciopelo, después de haber contemplado durante unos instantes el rostro de Paulos, el negro pelo tapándole medio rostro, la boca entreabierta por la sorpresa, el jubón desabrochado que dejaba ver el cuello joven, le preguntó:

—¿Cómo te llamas?

Ya un brazo de la mujer ceñía la cintura de Paulos, mientras la mano del otro se deslizaba acariciándole un muslo. Paulos adivinaba en la oscuridad unos labios que se aproximaban a los suyos.

—¡Mi marido no vendrá esta noche! ¿Cómo te llamas? ¡No me entrego si no me lo dices!

Y tiraba de Paulos, queriendo meterlo por la ventana, que tenía un balaustre de mármol. Paulos, atemorizado por aquel rapto, luchó por zafarse, por apartar aquella cabeza, por salir de la búsqueda que de sus labios hacían los de ella, y cuando se oyeron pasos en la calle, se encontró con un rizo de la dama en la mano, un postizo de Lyón enroscado alrededor de una cintilla verde. La mujer se retiró, y Paulos la vio con los brazos abiertos en el medio de la sala, iluminada por la luna. Antes de huir de los pasos que se avecinaban, dijo con la voz más estremecida que pudo, con la voz misma del signor Calamatti recitando a Fabrizio del Dongo:

—¡Soy Beltenebros!

Y silabeó para que ella comprendiese el significado de aquel nombre de misterioso amante, pasajero de las noches con luna:

—Lo Bel-te-ne-brós...

—¡Brooós! —repitió un eco que se hacía en la rotonda del palacio vecino, cerrada por un alto muro, ciego.

Cuando regresó a casa, dejando el paraguas en el paragüero, sacó hurgando debajo de la camisa el postizo de Lyón, y lo llevó a los labios. El ayuda de cámara intentó, como solía, contener con los dientes el dedo travieso, y casi con toda la mano derecha dentro de la boca, murmuró:

—«Mamma mia!»

—¡Galván! —exclamó la anciana de la voz aguda—. ¡Recuerdo ir a ver, escondiéndome entre los bojes del laberinto, cómo le igualaban el bigote la víspera de su salida para una aventura! Le ponían en cada extremo una pincelada de oro puro, para que no le creciesen las puntas en el extranjero! Bueno, le crecían, pero parecía que no, porque el pelo se sometía en la pincelada, como en un estuche.

—¡Murió! ¡Se fue!

La voz ronca de la otra mujer encontró el punto del sollozo, de un sollozo de «de profundis», que parecía venir de la tierra, de debajo de la tierra, de junto a la tierra que había recibido, antes de tiempo, aquel cuerpo mozo, incluido su mirar color de miel. Las dos ancianas se acercaron a la cabeza de Galván Sin Tierra, le acariciaban la frente y el mentón, pasaban los dedos por los rojos labios. Volvieron el arrugado rostro, un rostro carcomido y amarillento, de madera vieja comida de polilla, hacia Paulos, y éste, por un instante, las vio muy hermosas, el cabello trigueño, la tez reluciente y sin arrugas, los largos y blancos cuellos de garza curvándose en el lloro por el paladín. Sólo por un instante. Se marchitaron nuevamente, y en silencio volvieron a la reconstrucción de Galaor.

III

Paulos subió las escaleras, y sin encontrar a nadie, cuando llegó al primer piso, se dirigió a la cámara de la izquierda, como le había indicado el escudero Matías. La gran puerta de roble, con clavos de bronce, estaba entreabierta.

—¿Se puede? —preguntó Paulos por dos veces, levantando la voz, golpeando con los nudillos.

No recibió respuesta alguna, y entró, dejando la puerta entreabierta, como la había hallado. La cámara era mucho más larga y ancha de lo que se pudiera suponer, y el piso en dos niveles, que había que subir tres escalones para poder acercarse a la cama real. A la izquierda, se abrían las ventanas que se veían desde el patio, con cortinas con una orla de flores rojas y amarillas, y a la derecha aparecía un gran bosque. Al pie de un roble echaba la siesta del carnero un hombre que apretaba una larga flauta que parecía de plata contra el pecho, y desde la rama de otro miraba un cuervo para Paulos, con esa mirada desdeñosa de los cuervos bien alimentados, que se desperezan al sol. En una mesa, en el centro de la cámara cubiertos con un tapete con escena, estaban el casco, la espada, las espuelas y el escudo del rey. Cuando Paulos se acercó, un ratoncillo saltó del casco al suelo, y huyó. Estaría allí de refugio, o comiendo en el forro de badana, que por estar sudado por la cabeza real estaría más sabroso. Cuando Paulos se disponía a admirar el atuendo militar del rey y las nobles armas, salió de debajo de la mesa un enano flaco y esquinado, chato de la nariz y de todo el rostro, calvo, y con rara diligencia metió todas las piezas en sacos de su forma y medida, unos sacos blancos, en los que aparecía pintada una A roja.

—¡Vienen muchos, haciéndose los distraídos, a copiar los modelos! —dijo el enano, con su voz agria.

El cual, pegando un inesperado brinco, saltó sobre la mesa, y se sentó sobre las armas insaculadas. Con una pequeña espátula, se limpiaba por dentro las escasas narices.

—Perdona, pero no es falta de educación, que es que tengo muy corto este respiradero. ¡Tampoco tengo olfato! Si hay batalla con matanza, ocho días después, cuando los cadáveres pudren al sol de la tarde, que dicen que es el que realmente les hace efecto, yo puedo andar registrando los cuerpos, por si alguno llevaba bolsa llena a la guerra.

—¿Hay matanzas?

—Yo no recuerdo ninguna, pero por el olfato estoy siempre preparado para eso que te dije, de ir al botín entre los muertos.

—¿Nunca fuiste?

—¿No te dije que no recuerdo ninguna matanza? ¡Vive uno con la esperanza de que llegue tal ocasión, y entonces, con lo botinado, tomar el retiro!

Soñando con el retiro, el enano parecía amansarse, y aun la agria voz sonaba amistosa.

—Cuando mi rey Arturo salía a la batalla, le bastaba, a la vista del enemigo, con ladear la corona en la cabeza, y ya se sabía que estaba con ira en el campo. Entonces, los enemigos se retiraban en silencio. El rey Arturo les exigía por su heraldo que dejasen alguna prenda de ropa tirada en el camino, o algo de comida, o unas trébedes con fuego debajo, que eran las señales de la militar retirada desordenada. Don Parsifal, que fue siempre el más atrevido y petulante, gritaba, mostrando el

190

brasero bajo las trébedes: «¡Ni tiempo les dimos para freír las magras!». El rey reía, y toda la Tabla con él, y se sentaban en un claro del bosque, cada uno a comer su merienda. Los más de los ejércitos que venían contra Bretaña, ya traían con ellos un carretón con fardos de ropa interior, que dejaban abandonado, y nosotros saqueábamos. Los juristas aseguraron que, en puridad, era como un foro que le pagaban a nuestro señor el rey, con lo cual éste quedaba libre de ir o no a hacer la guerra al reino vecino. ¡Así se pasaban los años, y la matanza no llegaba nunca! Yo era el único artúrico que salía ganancioso, porque los enemigos, con la carestía de los tiempos, en vez de traer a la batalla el carretón atiborrado de prendas de adulto, las traían infantiles, por ahorrar tela. Los paladines desparramaban las bragas y los camisolines, los juboncillos y los faldellines, por toda la selva de Brocelandia, y yo los iba recogiendo, así que terminaba la juerga, y regresaba con ellos a Camelot. Un año hubo dos alarmas de éstas, y una hermana que tengo, soltera, puso una tienda de ropa infantil en la feria. ¿Ves esta camisa, ves estas bragas? ¡Son restos de la última batalla!

Paulos le mostraba una moneda al enano, el cual, sentado encima del escudo artúrico, se estaba estirando las medias.

—¿Puedo hablar con el rey?

—¿Como embajador o como privado?

—Como las dos cosas, amigo.

—¡Llámame Próspero! ¡Un nombre bien contrario a mi condición, pero me lo pusieron!

—Próspero, amigo, toma esta moneda. Yo quiero hablar en secreto con tu rey. Podía haber llegado a Camelot como embajador, pero mejor para todos será que comparezca como enviado secreto.

—¡Tendrás que aprovechar que despierte! ¡Si tuviésemos suerte de que le picasen las almorranas!

Próspero guió a Paulos hasta la cama del rey de la Tabla Redonda. Estaba echado panza abajo, con la cabeza ladeada, y se le había caído hacia atrás el gorro de dormir, que era blanco con un pompón amarillo. En la cabeza calva y huesuda aparecía una como cinta, tirando a morado, que Paulos pensó bien que sería la marca del uso cotidiano de la corona. Las mantas lo tapaban hasta el borde mismo del labio inferior. La cara flaca y amarillenta, la nariz aguileña, los largos bigotes ensebados... Paulos examinó con detenimiento el rostro del gran rey. El enano bajaba el embozo de una sábana sucia, roto aquí y allá, para que Paulos pudiese admirar el rostro de Arturo.

—¿Tiene la barba verde? —dijo Paulos, admirado.

—¡Es teñido! Pasó por aquí un toscano, que cobraba muy caros los retratos reales, y dijo que si retratase a Arturo, que le pondría la barba verde, por darle juventud al augusto rostro. Se lo soplaron al rey, y mandó que lo tiñesen. ¡Le ponen sábanas viejas, porque sudando, en la noche, las mancha todas! Un arbitrista francés vino una vez con la propuesta de recortar la parte manchada de las sábanas, y venderla a los enfermos de tiña, por ejemplo, después de que algunos correos divulgasen por los países las virtudes curativas de las sábanas en las que sudaba verde el rey Arturo. Pero, ¿cómo ibas a mandar a don Parsifal, a don Galaz, a don Galaor, por esos mundos, propalando la mercancía? ¿Iban a decir que ellos fueran tiñosos y que se curaran con el sudor artúrico verde?

¡Podían decir que quedaran tiñosos de un soplo mefítico del dragón, y que los curara, benévolo, su señor rey con su sudor!

—Pues en esa publicidad aquí no cayó nadie —comentó Próspero, admirando a Paulos.

El rey roncaba monótono, y de pronto comenzó a gemir, y parecía nombrar a alguien. Es alto siete pies, como se sabe, y tiene que dormir con las piernas recogidas, que la cama que usa no es el gran lecho real, con baldaquino, sino un medio catre de campaña.

—¡Avicena! —llamó el rey, con voz apagada y triste.

—¡Tuviste suerte! —le dijo el enano a Paulos.

El enano se puso de rodillas en la cama del rey, para poder darle respuesta mismo en la boca de la oreja.

—¡Avicena no está, mi señor, que va a los caracoles!

—¡Bah, ya no tengo ese antojo! ¿Y quién me da la pomada? ¡Me pican!

—¿No puedes aguantar, mi señor?

—¡Para algo tengo la pomada! ¡Que toquen el cuerno llamando a Avicena!

—No lo oirá, señor, que va lejos, a los caracoles de un fresal.

—¿Quién me dará la pomada? —gemía Arturo—. ¡Por mor de la etiqueta mi mujer no quiere, y sabe muy bien! ¡Delicadas manos! ¡Si fuese Lanzarote el hemorroico, ya estaría sacrificándose!

El viejo rey sollozaba, metía la cabeza debajo de la almohada, abría los brazos, levantaba y bajaba los pies, que asomaban debajo de las mantas.

—¡No aguanto! ¡Ayer comí chorizo picante!

El enano guiñó un ojo a Paulos, y acariciando la cabeza del rey, poniéndole el gorro de dormir, dándole palmaditas en las mejillas, le explicaba a Arturo:

—Avicena no está, señor, pero tengo yo a mano un sustituto, extranjero, que viene a tu trono con un mensaje secreto. Y porque puedas oírlo con sosiego, te va a extender en el lugar justo las pomadas, como si fuese

193

paje de ídem, sin mirar, y el dedo índice envuelto en un pañuelo de seda, pasado por agua.

—¡Que jure que no lo divulgará en su provincia!

El rey abrió el ojo izquierdo, y miró para Paulos. Era un ojo verdaderamente hermoso, azul marino, redondo, húmedo, brillante. Podía decirse que daba luces, esas luces redondas, como lunas, de las piedras talladas por los diamantistas del Gran Mogol.

—¿Juras?

La voz del rey se había transformado, y sonaba como la de una arenga de la antigüedad.

—¡Juro! —respondió Paulos, seducido por aquella voz plena, regia a la vez y humana, que parecía la pregunta «¿Juras?» estar todavía en el aire, sus dos sílabas envolviéndose en la luz del sol, mariposas.

—¡Pues anímate! —dijo Próspero.

El enano bajó la sábana, y mostró a Paulos las nalgas de Arturo, sorprendentemente redondas e infantiles. El enano ofrecía a Paulos el bote de la pomada, y un pañuelo de seda para que envolviese el índice. Le susurró:

—¡Gira suave, de derecha a izquierda! ¡Nueve veces!

Lo que Paulos hizo, en el ano del rey de la Tabla Redonda.

Terminada la cura, Próspero volvió a tapar al rey, quien giró y se puso panza arriba. Ahora eran dos los hermosos ojos que miraban para Paulos.

—¡Muy suave! ¡Quedo muy aliviado! ¿Quién eres?

—Me llamo Paulos, alteza, y soy astrólogo titulado en una ciudad que tiene un hermoso puente, y disimulando, con nombre secreto la decimos Lucerna.

—Si vienes en busca de empleo, mala cosa, que aquí ahora no hay jornales. En confianza, ya en Bretaña todo es de cartón piedra. ¡Y aun así no llegan las rentas! ¡Un plato de caldo nunca falta!

—No vengo buscando empleo, gran señor, que vengo a solicitar, en nombre de mi ciudad, tu presencia en una batalla.

Por un instante los ojos del rey se encendieron, brillaron estrellas en la pulida superficie azul, estrellas doradas, plateadas, rojizas.

—¡Una batalla! Pero, ¿no ves cómo estoy?

—Basta con que aparezcáis en lo alto de un otero con la corona ladeada.

—¡La corona ladeada! ¡Me había enseñado Merlín el truco! Yo me ponía de espaldas al sol, y la corona se apoyaba en mi cabeza solamente en un punto, y sabía tenerla en equilibrio. La luz del sol pasaba por el aro, y se reflejaba en la plata. Los enemigos se sorprendían, y se batían en retirada. Pero el otro día lo intenté cuatro veces, y las cuatro se me cayó la corona. ¡Es que ya no veo bien la punta de la nariz para el juego del equilibrio!

Los ojos del rey se apagaban, el azul se aclaraba. Arturo hablaba humilde.

—¡Todo es cartón en Bretaña! ¡Los paladines, los caballos! ¡Hay que figurar que sigue la corte en Camelot! ¿Ves ese bosque? ¡Cartón! Y el cuervo, que es mi contrafigura. Cuando tomo vacaciones, o hago semana inglesa, si viene visita lo presentan como el rey Arturo en la selva de la isla de Avalon.

Le tendió la mano derecha a Paulos, quien se la besó.

—¡Bienvenido! —dijo el rey—. ¿Y quién es el enemigo?

—Un rey levantino, que cabalga envuelto en una gran polvareda dorada, y dice que quiere hacer suyas todas las ciudades del mundo que tengan puente.

—¡A nosotros no nos perjudica, que no tenemos ningún puente! ¡Los celtas no construimos puentes nunca,
que tenemos muy estudiada la ciencia del vadeo! Además, un puente modifica, en cierto modo, la creación.

—El nuestro es romano, y por él pasó Julio César, el
señor latino «urbi et orbe».

—¿Julio César?

—¡Estará en la batalla!

—¡Igual es de los que pelean a lo topa carnero! ¿No
te basta con Julio César?

—¡Tu presencia en el campo es victoria segura!

El rey miró para el enano Próspero e hizo que silbaba.

—¡Aún se me recuerda, Próspero!

—¡Es que hay muchos textos que te citan!

—¡Eso sí!

Se volvió hacia Paulos.

—¿Cómo dijiste que te llamabas?

—¡Paulos, señor!

—Pues, Paulos, si se trata solamente de que yo esté en
lo alto de un otero, me mandas a decir la fecha de la
batalla. ¡Próspero, tráeme el casco!

Se sentó en la cama, con el casco puesto. Antes de po-
nérselo sopló en las plumas, que ya estaban medio apo-
lilladas y faltas de flor.

—¡Hay que buscar unas plumas nuevas! Estaré en la
colina, y en vez de corona, llevaré casco, y lo ladearé,
que lo permite el barbuquejo. Puede acontecer que las
almorranas no permitan la cabalgada, o que me sobre-
vengan fiebres tercianas, pero no por eso faltaré. ¡Acércate!

Paulos se acercó a la cama del rey, se arrodilló. Arturo
le hablaba al oído, poniéndole una mano en el hombro.

—¡Me están haciendo un retrato de cartón! ¡Los de

196

los paladines ya están hechos, con el pelo y la barba pegados!

—¡Saludé a Galván!

—¡Ah, con el bigotito recortado! Mi figura será gigantesca, doce pies, con la corona en su sitio, si estoy sentado, y ladeada, gracias a un resorte que hizo un relojero suizo, si me hacen montar. Desde lejos, ¿cómo sabría el rey levantino que soy muñeco de cartón? Y en cuanto a Julio César, mando un criado que le diga que yo, después de la batalla, me retiro en silencio a dar gracias a Dios por la victoria. ¿Soy o no soy un rey cristiano?

—¿Puedo, entonces, mandar correos a mi ciudad diciendo que cuente contigo en la batalla?

—¡Manda! ¡Palabra de Arturo!

Paulos sacó del bolsillo de la levita una bolsa de cuero marrón, atada en la boca con varias vueltas de hilo blanco.

—Alteza, escuchando tu promesa, yo debía hacerte un regalo, como prueba de la gratitud de mi ciudad, pero en todo el camino no encontré tienda abierta. Te dejo esta bolsa, con veinticuatro monedas de plata, y te compras lo que sea más de tu gusto.

—¡Una delicadeza! —exclamó Próspero.

—¡Una ayuda de costas! —dijo el rey, apretando la bolsa contra su pecho—. ¡Las contaré con Ginebrita cuando venga a darme el sopicaldo vespertino! Por cierto, no dejes de ir a saludarla antes de marcharte. ¡Le gusta que la piropee la mocedad!

El rey, apoyando la cabeza en los travesaños de la cabecera de la cama, hizo deslizar el casco sobre la frente, hasta la punta de la nariz. Pronto cogió el sueño, y comenzó a roncar. El enano se sentó en la mesa, encima de los sacos que guardaban la espada, la espuela y el escudo de Arturo, y Paulos salió en silencio, haciendo las reverencias de etiqueta, de cara a la cama real. Desde su rama, en el bosque lo miraba el cuervo, con la perpetua displicencia. El flautista dormía. Se había levantado algo de viento, y los árboles movían las ramas. Un mirlo voló de aquí para allá, buscando más cómodo asiento.

Paulos se preguntaba cómo mandar aviso a su ciudad, diciendo que ya contaba con Arturo, rey de Bretaña, además de con David, rey de Jerusalén.

Paulos, desde lo alto de las escaleras, les preguntó a las ancianas que ya habían terminado de montar a Galaor, y le estaban pegando las cejas con goma arábiga, por dónde se iba a la cámara de doña Ginebra.

—¡El segundo izquierda! —dijo la anciana de la voz aguda.

La cortina roja se corrió sola, que era de magia, y Paulos, con la birreta en la mano derecha, genuflexo, saludaba a doña Ginebra. Se la veía mal, en la sombra del fondo del salón.

—¡No te acerques hasta que me espolvoreen! —gritó la reina.

Hablaba musical, con algo de seseo, como asomando la punta de la lengua en la c de acerques, silbante la s de espolvoreen. Una enana le echaba unas como brillantes escamas blancas en el pelo.

—¿Quién eres?

—Paulos, el más joven astrólogo de una ciudad del Mediodía.

—¡Acércate! ¿Qué deseas?

—Traje un mensaje secreto, mi señora, para el rey de

la Tabla Redonda, y no quise irme de Camelot sin contemplar el hermoso rostro, cuyo perfil conservan de troquel tantos corazones enamorados. ¡Sería, el irme sin veros, como estar en el mundo, y solamente vivir las tinieblas, y nunca el amanecer!

Doña Ginebra se abanicó, y Paulos creyó ver que sonreía. La reina tenía la cara redonda, y sobre el blanco pelo llevaba algo, como bonete.

—¡Eso lo entiendo muy bien! Lo que nunca entendí fueron los discursos que me soltaba don Lanzarote. Un día me confesó que tampoco él los entendía. ¡No te acerques mucho que hoy no estoy alhajada! ¡Mi mayor mérito era el escote, aparte las caricias con las yemas de los dedos!

—¡Quisiera que me acariciaseis una vez en la mejilla!

—Pues acércate con los ojos cerrados y arrodíllate.

Paulos se arrodilló, los ojos cerrados, ante la reina. Con su pecho tocaba las rodillas de doña Ginebra. Sintió la mano de la reina por su mejilla izquierda, muy suave. Se detuvo, con dos de las yemas de los dedos, a la altura de los labios, y Paulos besó. Doña Ginebra se sobresaltó, y volaron dos pájaros sobre su cabeza. Paulos se retiró unos pasos, y abrió los ojos. Vio los pájaros que revoloteaban. Uno se posó en el abanico de doña Ginebra, y cantó. Era jilguero.

—¡Les dio por hacer nido en mi cabeza, y para que no me manchen el pelo llevo ese plato de tiesto! Lo peor del asunto es que tengo que estar con la cabeza erguida mientras dure la empollación y la cría. ¡Vete, y guarda, como buen caballero, el secreto de las concesiones que te hice! ¡Aquí siempre se vigiló mucho el sexto, aunque fueran toleradas las divagaciones exquisitas!

La enana soplaba, y se corrían dos, cinco, veinte, cortinas rojas. La enana se quitaba las faldas.

—¡No te sorprendas, Paulos, que soy Próspero! ¡Esto de ser enano es una gran cabronada! ¡Enano con el rey, enana con la reina, murciélago parlante en el yelmo del rey de Aragón, fingiendo ser conejo parado cuando Arturo sale de caza! ¡Un día cualquiera se le dispara la escopeta y me acierta!

En los abrevaderos de la fuente seguían haciendo que bebían los caballos de cartón, los caballos de Galaz, de Parsifal, de Galván, de Galaor… Lejanos cuernos cambiaban señas, y asomándose al balcón central, llevando por collar la corona de Arturo, ladró por tres veces el lebrel Alar, el lebrel del rey. Paulos, en el ladrido, reconoció la voz de Próspero, el enano. ¡Era una broma de despedida!

Cuando Paulos salía por la puerta, lo alcanzó una mujer, envuelta en un gran mantón, calzando chancletas, y con la prisa una se le quedó atrás, y mostró un gran tomate en la media, delante, por donde le salía el gordo. Sujetó a Paulos por el brazo derecho, y en voz baja le dijo que ya comprendía que como extranjero no estaba al tanto de las costumbres de la corte de Camelot, y que lo pasado con doña Ginebra, aun siendo la primera visita, que era ya como un acto segundo en función de amor, con el beso en los dedos, y que si bien en Camelot el amor carnal no era de pago, se les cobraba a los personajes como si fuesen público de butacas, y que la supuestamente ocupada por Paulos, que valía diez reales.

Paulos sacó del bolsillo de la levita una moneda de diez reales y otra de cuatro, por propina, y pagó así la escena con doña Ginebra.

Lo gracioso del asunto es que, despertando Paulos, tenía sobre el corazón ese dulce peso que queda de los sueños de amor, como si de verdad hubiese jugueteado con dama

Ginebra, haciendo manitas. Y en el recuerdo de la escena de la criada cobradora, le surgía la sospecha de que era ésta la misma doña Ginebra, quien había bajado por la escalera de servicio, para sonsacarle aquellos diez reales. ¡Mal andaban las finanzas de Bretaña!

IV

Aquella noche Paulos estuvo siguiendo al cometa en su viaje. Asomaba por el nordeste, y se remontaba por encima de la luna nueva, describiendo una larga curva, dirigiéndose hacia el sur. Más de dos horas tardó en pasar de orto a ocaso, ante la mirada admirativa de Paulos. Era como un gigantesco diamante, y la cola la abría poco, tirando a azulada, larga, y desprendiéndose de ella de vez en cuando luces como estrellas fugaces, que caían más allá de los montes. Imaginaba al rey David, pesaroso de su huida, recordándolo en su terraza, mientras contemplaba el cometa. Quizá sacasen de la cama en Camelot a Arturo, para que lo viese. En la ciudad suya, serían todos los que habrían salido a contemplar el cometa, que tan influyente, según Paulos Expectante, el nuevo astrólogo, venía. María habría volado al más alto de los cipreses, cuidando de no despertar los ruiseñores, y se preguntaría qué caminos sentirían en aquel momento sobre su piel los pasos de Paulos. ¿Cómo no había pedido a Milán las palomas mensajeras de los Visconti? Paulos quería tener al mismo tiempo en su mente las mentes de todos, obedientes a su discurrir, diciendo las palabras que imaginaba. Todo sucedía en su presencia, siendo Paulos el único posible nudo de cien hilos diversos, hilos que se hacían uno solo en él, al que daba vida, como sangre en vena, el soñar suyo. Esto era posible mientras, en otro lugar, no hubiese otro soñador, ese soñador contrario que había imaginado más de una vez, cada uno moviendo las piezas de sus sueños como sobre el tablero las suyas los jugadores de ajedrez. Paulos mismo, muchas veces tenía dentro de sí mismo un soñador contrario, destructor de sus planes, entenebrecedor de sus imaginaciones. No, no era un demoníaco negador. El duelo se entablaba entre una creación y otra creación.

Paulos veía pasar un jinete por el puente, y escuchaba el ruido de los cascos del caballo en las piedras de la calzada romana.

—Es don Félix de Hircania, quien pasaba una temporada en Nápoles, abandonando sus deberes familiares, por culpa de una morena que se llama donna Fiammetta, y su mujer legítima mandó un criado griego, muy en secreto, con un espejo, que dejó en el dormitorio de la Fiammetta, y cuando los amantes se fueron a contemplar, mejilla contra mejilla, en vez de la amorosa pareja apareció en el espejo la que ya dije, legítima de don Félix, amamantando a un niño, que era el principillo que naciera cuando ya don Félix andaba por Nápoles dándole gusto al cuerpo. Donna Fiammetta, con súbito arrepentimiento, se fue para una abadía muy rigurosa, con monjas de cuatro apellidos, que duermen en columpio, y la que se cae se rompe algo, y la mandan a su casa, diciendo que la suspendieron en reválida. Y don Félix compró el mejor caballo del reame, que era el del Inquisidor de los Simples, ésos que como les dé la herejía la sostienen tercos, y en público, que en su tontez no saben salir del asunto. Y es en ese caballo en el que puede decirse que vuela a Hircania, donde lo esperan felices y paternales días.

—Eso imaginaban don Félix y los que lo conocen, pero a la salida del puente le salió de entre los negrillos uno con espada, le acertó en el cuello, y don Félix cayó al suelo sin decir ni un ay.

—Yo lo veo entrando en Hircania, por el camino que va entre rosales.

—Muerto está, relincha el caballo, salen de la taberna unos bebedores de sábado con linternas...

Paulos transigía.

—Sería un asesino a sueldo de los barones de Caleta Gattinara, hermanos de donna Fiammetta, todos tuertos...

Paulos ya imaginaba la familia, queriendo lavar a Fiammetta de la mancha con que la dejaba Félix el traidor, que se había hecho pasar por soltero. Sí, todos tuertos, con la cabeza siempre baja para que se les notase menos.

—No. Era la masajista de donna Fiammetta, que se había aficionado al cuerpo de la napolitana, y ahora con la entrada en la abadía se le había acabado el gusto del sobeo, además de perder el sueldo. Con masajear a toda la aristocracia napolitana se había musculado, y no había quién resistiese su estocada.

Y si Paulos aceptaba la muerte, se disponía a contar el entierro de don Félix, y acudían sus parientes de Hircania a hacerse cargo del cuerpo, que el consulado de la ciudad cuidara de guardar, vestido como iba, en una barrica de ron de Jamaica, salía el soñador contrario diciendo que los bebedores de sábado, y daba los nombres, leía la lista de testigos, que pasaban levantando las linternas para que se les viese el rostro, cuando se acercaron a verle el suyo a don Félix retrocedieron siete pasos, que se lo hallaron comido de la lepra, o azul de la nueva peste...

Y así durante varios días con sus noches se estaban batiendo uno contra otro las imaginaciones suyas, hasta que le salía un nuevo personaje, y abandonaba a don Félix de Hircania en el bosque de las historias del tiempo pasado.

Otra era la dificultad lógica, que Paulos, montando su

invención, quería que todo cuadrase, más y mejor aun que en la vida real, y a veces no daba salido de un asunto, se le embrollaban los pasos de la función, por si la entrevista era en un salón, o un encuentro en una esquina, en la calle, y si la mujer estaba en la ventana, o entraba en un portal, como huyendo de algo. Se impacientaba, y en una cita de amor, cuyos datos no encajaban, terminaba por dar muerte repentina a la prójima, o moría él, o quedaba manco, y se retiraba, triste, que esta figura le salía muy bien.

Pero, mal que bien, con su contrario interior, que era un inventor más desgarrado y cruel, con humor negro, terminaba concertándose en un punto, aquel que correspondía a sus apetitos, que era uno solo, el apetito de Paulos, y por ende su veracidad humana. Lo peor sería encontrarse con un soñador lejano, que manejase invenciones contrarias, que tomasen cuerpo frente a las suyas, con terceras personas que desconocía, y otros intereses. ¿Se le habría ocurrido a alguien que había un rey, un túzaro sombrío y esquelético, que afirmaba no descansar hasta que fuesen suyas todas las ciudades con puente? Si lo soñaba otro que no fuese él, ¿cómo podría Paulos llevarlo a la llanura surcada por un gran río, y ponerlo en el medio y medio de una gran polvareda, si el otro lo estaba soñando en el puerto de la Selva, comiendo unas castañas crudas, que sacaba del erizo, hábil con los dos pies, un criado suyo, jorobeta?

—¿Crees que se darán estas coincidencias?... —le preguntaba al cráneo del pointer «Mistral».

El caballo se aburría de la charla de Paulos con el pointer «Mistral», y se pasaba el día cuando tosiendo, cuando estornudando, y no dormía, porque le faltaba el olor de la bodega de su amo, y la falta de sueño le quitaba el apetito. Amurriado, se frotaba contra lo que quedaba de la cancilla del atrio. Si Paulos lo soltase, el caballo se iría solo, con su trote corto, a su cuadra, al lado de la bodega donde su amo trasegaba los tintos. Paulos golpeó la barrica que para recoger el agua de lluvia tenía Fagildo en la gotera del porche de la ermita, como recordaba haber visto golpear las suyas al bodeguero, y el caballo levantó las orejas y enarcó la cola, por el reflejo del recuerdo. ¡Hay vidas que solamente consisten en algo como esto!

El rey acaparador de ciudades con puente, aceptando lo de aparecer en el llano surcado por un ancho río con una gran polvareda, no había decidido aún si la nube de polvo lo precedía, hija de un viento aliado suyo, o lo seguía, levantada por la impaciente caballería. Exigía, eso sí, que el polvo fuese dorado, y que desde cualquier parte del escenario se viese bien su cabeza. Paulos, escondido tras una cortina en el salón de consejos, lo escuchaba discutir con los generales.

—¡Nada de mapas, Belisario! ¿Cómo se sabe si una tierra es dura o blanda? ¡Pisándola! El mapa no da si en el prado a la izquierda se hunden los caballos hasta el corvejón. Esto se averigua por las descubiertas. Se llega al campo de batalla con dos días de anticipación, se le echa una ojeada desde la colina más avanzada, y en la noche se mandan dos patrullas a pisar el terreno. La ciencia militar consiste en las descubiertas y en el flanqueo.

—El río es muy ancho y profundo.

—¿No tenemos los puentes desmontados de las ciudades conquistadas, las piedras numeradas?

Invitó a Belisario a beber de su jarrilla de blanco, y después lo hizo él, a ruidosos sorbos, con mucho sosiego.

—¡No se impacienten los estrategas! ¡Buenas noches!

Y habiéndole llenado el ayudante de nuevo la jarrilla, se fue con ella en la mano a banderas, porque en tiempo de guerra le gustaba dormir allí, en un catre, debajo de la panoplia gótica.

Paulos corría en la noche, envuelto en su capa, en medio de un gran temporal de lluvia y de viento. Dejaba un atajo por otro, evitaba las centinelas de las encrucijadas, atravesó a nado dos ríos, vio el mar, se desprendió como de los brazos de un pulpo de un canto de sirena que le llegaba de unas rocas próximas, y al fin, al amanecer, se encontró ante la casa del inglés de los «puzzles».

—Las piedras —le explicaba Paulos— están correctamente numeradas, por hiladas, y si las colocan los canteros por su orden, sale un puente. Yo vengo a pedirle, Mr. Grig, que usted haga que, en vez de un puente, a los canteros del rey les salga el laberinto.

—¡Laberinto no hubo ni hay más que uno! ¡Yo lo he reconstruido con madera de cajas de cerillas!

—¿Cuántos días necesitaría para cambiar la numeración de las piedras?

—Para lograr el laberinto, entiéndeme bien, con mayúsculas, el LABERINTO, dos años.

—¡Es cuestión de días!

Mr. Grig paseaba la pilosa mano derecha por el rostro, meditando.

—Puedo hacerte algo más sencillo, y para el vulgo muy espectacular.

—¿Qué cosa?

—Una torre, con una pista exterior, la torre maciza. La pista, en espiral, remata a una altura equivalente a los dos tercios de la longitud de los puentes. Es un juego que saqué del problema de la braquistócrona o curva de la bajada más corta, célebre desde mi paisano Newton y los hermanos Bernouilli. Ese rey enemigo tuyo se mete en la pista, cabalga, y cuando menos lo piensa, ha llegado a lo alto, y salta en el vacío. Para que el salto sea más impetuoso, puedo poner, donde termina la pista, un tapiz que imite un prado en el Yorkshire, cercado de madera. El rey cae, y tú y yo aplaudimos desde el tejado más próximo.

—¿Y la polvareda dorada?

—¡Eso facilita el engaño, que el rey va en ella, sin ver dónde pisa!

Si hubiese caído antes en ello Paulos, no le habría hecho falta solicitar a David ni a Arturo, ni acudir ahora al despacho de Julio César, con quien tenía audiencia aquella misma tarde.

Paulos de vez en cuando soñaba con bolsas llenas de oro, que las encontraba perdidas, o se las entregaban misteriosos amigos, que pasaban nocturnos, o le pedían escondite, que Paulos les concedía en la gran caja del reloj. Contando las monedas que cubrían los gastos del inglés de los «puzzles», se quedó dormido sobre los helechos. Alguien por él seguía contando, porque percibía claramente el chinchar de las monedas, que el inglés aceptaba la ley por el canto, en la pequeña y cuadrada piedra de mármol. Mientras el sustituto suyo desconocido seguía contando el pago del inglés, Paulos salió para el Yorkshire a buscar dos vacas de allá, marrón y blanco, para dar más verosimilitud al prado del tapiz, que colocarían en lo alto de la torre.

El rey Asad de Tiro no sabía muy bien por qué le había venido aquel otoño el antojo de copar todas las ciudades con puente bajo su corona. Lo que le gustaba, en los otoños, era andar por las bodegas de su país vigilando cómo iba la hervidura del vino, y las salmueras de la cecina vacuna, con las primeras heladas. Por el San Glicinio —que vale por el San Martín nuestro—, Asad II asistía a la esmielga en las colmenas de la montaña, y a las ferias, en las que los propietarios de rebaños completaban los que iban a llevar a los pastos de invierno, a los pastizales del sur, o a los vecinos de la marina. Conocido su amor por el violín, acudían a las susodichas ferias violinistas magiares e italianos, a los que el rey subvencionaba conciertos. Algunos años, el rey Asad, que pasaba por inconstante, expulsaba a los violinistas y se quedaba con una bailarina, con la que se refugiaba en una sala de su palacio, bien guardadas las puertas, y todas las chimeneas encendidas. Asad, en paños menores, se distraía viendo a la bailarina mimar la danza de los siete velos, y cuando la niña se desprendía del último, el rey siempre rompía algo, los cristales de una ventana, o una jarra de vino, o una silla, lo que le producía un inmenso placer. La bailarina se echaba en los almohadones, rellenos con pelo de cola de zorro, pero el rey no le hacía caso, ni una mirada se le iba a aquel cuerpo hermoso, con la piel blanca, o dorada, o morenita, que toda su atención la ponía en seguir reduciendo a migas los trozos de la jarra rota, o mordiendo, con sus poderosos dientes, las patas de la silla chipendale, y escupiendo los trozos contra los espejos, que fracasaban ruidosos. Pero este otoño caminaba distraído, sin gusto por las obligaciones tradicionales, asqueando la miel, quedando a deber la bailarina, de la que no hacía caso, ni de las reclamaciones de la tía de ésta, que ofrecía traer una sobrina más gordita, y lo más de su tiempo pasándolo en reuniones con los estrategas, quienes discutían la situación de las reservas, según el modelo de la batalla de Cannas, si en el centro, o en la izquierda, que era el ala fortalecida para el movimiento envolvente.

Atribuía Asad II Tirónida su obsesión por las ciudades con puente a un sueño que había tenido tras una cena con jabalí asado, y de postre ranas con higos, a la moda de Constantinopla, las últimas ranas de verano, cazadas cuando maduran los postreros higos, en el borde mismo del otoño. El rey soñó que salía de paseo, por aligerar el vientre, y quería hacerlo en la otra orilla de su río, que ya era del Imperio. Y anduvo media legua por la orilla propia, y no encontró lancha en que cruzar el río, y se dijo que si tuviese puente, no habría problema. Y desde ese día, a todas horas andaba con puentes en la chencha, imaginando que hacía uno aquí y otro más arriba, y otro en la confluencia con el Tigris. Mandaba pedir láminas de puentes, y todos le parecían buenos, con tal de que tuviesen por lo menos cinco arcos, lo mismo el de Orense que el de Verona, o uno de París.

—¡No los venden! —le dijo una tarde, en consejo, su ministro de Comunicaciones.

—¡Pues se imitan! —gritó Asad II.

—¡No hay cónquibus! —advirtió el ministro de Finanzas, frotando las yemas de los dedos pulgar e índice de la derecha.

—¡Pues me hago ladrón de puentes! —afirmó Asad, poniéndose la mitra persa, que le venía el derecho por parte de madre.

Por las mañanas, al despertar, que lo tenía muy malo —y ya su mujer, previsora, se echaba hacia una esquina del lecho, evitando las patadas, que Asad era muy militar y se metía en la cama con espuelas—, el rey intentaba quitarse del magín los puentes, que el sueño de ellos le cargaba más aparente y recio en las madrugadas, pero no podía. Como si fuesen dos Asad II, el uno soñando con puentes, y el otro queriendo volver a violinistas y bailarinas. Los soñadores contrarios, tesis que a veces dilucidaba Paulos.

Y fue así cómo el rey Asad salió a la guerra, y se aproximaba a la llanura cruzada por un río en la que iba a derrotar los ejércitos que defendían las ciudades con puente que caían al sur, y además a ensayar a sus ingenieros en tender dos de los puentes ya conquistados, y desmontados piedra por piedra, numeradas éstas y por orden alfabético las hiladas, formando un puente único por el que aparecería, envuelto en una polvareda dorada, ante David, Arturo y Julio César.

Paulos, a la salida del sol, sobre las colinas de levante veía como llamas en el cielo la cresta de la polvareda que precedía a Asad, que al fin se había decidido que así fuese, el rey tras el polvo de oro, asomando la cabeza, y en la tiara una especie de semáforo, que daba luz roja o luz verde según dos esclavos turcos de guardia tirasen de la cuerda de la derecha o de la cuerda de la izquierda.

La reina Zenobia quedaba en la solana deplumando una gallina, que la había de poner en pepitoria cuando regresase, con todos los puentes del mundo, el rey Asad.

—¡Mejor sería que le diese por pisar de nuevo el dormitorio! —comentaba la reina con sus íntimas, que iban a hacerle compañía en ausencia del rey.

Audiencia con Julio César. Final

Our master Caesar is in the tent
Where the maps are spread,
His eyes fixed upon nothing,
A hand under his head.
Like a long-legged-fly upon the stream
His mind moves upon silence.

W. B. Yeats

La estatua era ecuestre, y el caballo apoyaba las cuatro patas en la bola del mundo, como cabra sabia en la de madera, en el circo. Hecha la estatua teniendo por modelo el retrato que estaba colgado en el salón de sesiones del Consulado de la ciudad de Paulos, se había atenido el artista al triángulo ideal, por lo cual César estaba braquicéfalo en mármol como en el óleo. Conforme descendía del pedestal, pasando de mármol a condición humana, y el caballo a la naturaleza hípica, la cabeza de César se iba apepinando, y despertaban en ella los razonamientos que podemos llamar apepinados, porque necesitaban que la cabeza tuviese forma de pepino para poder circular. César saltó con la "souplesse" que había aprendido de los saltarines galos de toneles, y tras él Primaleón, su caballo. César avanzaba por la alameda, con las manos cruzadas a la espalda, seguido de Primaleón, quien braceaba por desentumecerse. Un dulce vientecillo del sur hacía que lloviesen hojas secas. Con la vuelta de la cabeza de César a su antiguo molde, se le aireaban mejor los sesos, y el imperator se sorprendía, sintiendo resucitar ideas antiguas, sueños olvidados, rostros que parecían haberse borrado para siempre. Como el mármol en que habían labrado la estatua era checo, unas delgadas venas de suave rosa en la garganta estorbaban la elocución latina de la estatua, hasta el punto de que César creyó haber olvidado el idioma, y ya se imaginaba ir de párvulo a una escuela, a aprenderlo, descendido del pedestal y retornado a humano, con el Donatus en la cartera escolar. Pero, ahora, caminando por la alameda, le venían a la memoria trozos de su "Guerra de las Galias", párrafos de arengas, réplicas de las comedias de Plauto y de Terencio... Tanto le gustó el sentirse dueño de su lengua natal, que no pudo evitar el demostrar la alegría,

215

frotando las manos, recitando en voz alta "urbe a Gallis capta, cum flamen virginesque vestales sacra, onere partito, ferrent..." y lo que sigue, de Livio. Al llegar a la Via Nemorosa, montó a Primaleón, que ya se había desentumecido, y se dirigió hacia el campamento, extendido en perfectos círculos en la falda de una colina que levantaba su redonda cabeza en el medio de la llanura. Julio César lo contemplaba desde la calzada, poniendo la mano derecha como visera para que no lo ofuscase la luz del sol, y admiraba aquella formación sin tacha de tiendas, con la gran calle central, y al fondo la suya, saludada por las águilas. Más hermosos fuesen quizá los campamentos cuadrados en los llanos, pero en aquella colina había fuentes, cuyas aguas se juntaban en un torrente que terminaba haciendo foso, girando al oeste, que era por donde siempre atacaban los sequanos, que tenían la manía de que así los tomaban por los rayos del sol poniente, que regresaba, y hacían huir despavorido al enemigo. Al acordársele a César las fuentes, se le acordó también que todas las mañanas debía lavarse los ojos, que por las noches se le vestían las pestañas de una legañosidad amarillenta, que se las pegaba en haces. Llevó la mano a las pestañas y las encontró secas y limpias, y lo atribuyó a los años que pasara de estatua de mármol, que habrían aburrido a la flema.

El campamento dormía. Dormía quizá desde hacía siglos, esperando el regreso de César. Seguiría durmiendo mientras él no dijese que había regresado. Acaso conviniese dejar pasar el otoño y el invierno, y esperar a la primavera. Entonces, desde el podio, situado a nueve pasos de su tienda, a la sombra de las águilas, César, armado de hierro, de nostalgia y de gloria, diría: "¡Ahora son los idus de abril!". Florecerían los cerezos, cantaría el cuco en el bosque y relincharía Primaleón.

I

Paulos dejó ante Julio César, sobre la mesa de campaña, extendido el mapa de la gran llanura surcada por un ancho río. César, con el índice de la mano derecha, seguía el curso del río. Al tacto, la línea sinuosa, azul, se ahondaba, se llenaba de agua, y César sumergía la mano entera, calculando la velocidad de la corriente.

—¡Un río manso! —comentó.

Al tacto también le reconocía al río los vados, y hallaba uno, en un recodo pedregoso, útil para los carros. El dedo de César siguió el curso del río hasta el Océano. «Semejante al mosquito tejedor en el río / su pensamiento va y viene en silencio.» Paulos lo contaría así a la ciudad:

—Yo estaba a cinco pasos de él, mientras César estudiaba el mapa. Supo, desde el primer momento, por dónde aparecería el enemigo, Asad Tirónida. Señaló un camino entre dos bosques de abedules y alisos, y movió su mano por encima de éstos. El aire se llenó de pájaros, asustados por la sombra enorme de su mano, que se extendía sobre el mapa como una nube del otoño, una de esas grandes nubes oscuras que vienen del mar. Se volvió a mí, y me explicó:

»—Bajas lentamente hacia un vado, tan silencioso como la tarde misma, y ves en la orilla opuesta los patos tranquilos, buscando un tallo jugoso o una lombriz, y ya sabes que no hay enemigo cerca. Pero ves los patos inquietos, volando hacia el agua, reuniéndose en grupos hacia el centro del río, y ya te das cuenta de que hay emboscada. Cuando los pájaros de esos bosques vuelen alocados, mezcladas las tribus diferentes aladas en el vespertino aire, es que Asad llega a esconderse.

Paulos les comentaba a sus conciudadanos ese decir de César, «las tribus diferentes aladas en el vespertino aire», manera de expresarse que le venía de la latina lengua, recobrada tras los años en mármol checo.

—El dedo de Julio César buscaba más acá de los bosquecillos un sendero que lo llevase a una colina de viñedos al mediodía, pero que al norte era toda de praderío. César sacó un pañuelo verde de debajo de un tirante lateral de la coraza, y lo puso sobre el prado. Lo dejó allí, extendido, unos momentos, y cuando lo recogió me lo mostró para que viese que estaba seco.

»—¡Campos levemente inclinados, sin agua, sin charcos ni lodazales!

—El pañuelo verde estaba limpio y seco.

»—¡Excelente lugar para apostar la caballería!

—Yo imaginé que quizá le gustase comer algo, y puse a su alcance, en una esquina del mapa, unas nueces ya cascadas y un trozo de pan, y me dejé estar a su lado con una copa llena de vino en la mano. César levantó el plato con las nueces y el pan, por ver dónde yo lo había posado, y me sonrió:

»—¡Orillas del Ródano! —dijo—. "Flumen est Arar!"

—Yo veía en su cabeza, como si estuviese abierta ante mí, con todas sus estancias iluminadas, el codearse o el entrecruzarse los pensamientos varios, los de los pasados años, y los de los nuevos veranos que se le ofrecían. Los diversos pensamientos eran azules, rojos, verdes, negros, y debía haber una ciencia que permitiese clasificarlos. ¿En cuál de ellos iba la ambición, en cuál el amor carnal, en cuál la fatiga de los siglos y de los hombres? Pero ahora, en medio de aquella soledad, Julio César aparecía puro, divinal.

«¿Cuántas legiones llevarás?», le pregunté.

»—¡Iré solo!

—Se acercó a la hoguerilla que yo había encendido, aprovechando dos cajas vacías, que habían sido embalajes de haces de flechas de Partia, calentó algo las manos en la onda de las llamas, y después se volvió, por calentarse la espalda. Masticaba lentamente una nuez, y me pedía más vino. Le llené dos veces la copa. Percibía yo que su mirada buscaba la forma de mi cuerpo, tocaba mi carne, acariciaba mis mejillas, pasaba lenta y suavemente sobre mi largo pelo. ¡Tendría necesidad, en su inmensa soledad, de tocar otro cuerpo, amigo y amante, vivo!

Paulos, reunido con los cónsules en reunión secreta, imaginaba esta aclaración:

—¡Tendría necesidad, en su soledad, de tocar otro cuerpo! Temí que solicitase el mío, en aquella noche que venía dulce. ¡Era yo la carne que tenía más próxima! ¡Podía el deseo de César sumar en ella la de todas las mujeres, la de todos los varones que había amado y poseído, o fueran simplemente el almíbar improvisado de una fiesta!

Paulos se ruborizaba, bajaba la cabeza, cerraba los puños. El presidente de edad tragaba el enésimo caramelo de café y leche, y el cónsul de Vinagres y Especies se levantaba de su sillón.

—¿No habrás llegado al sacrificio?

El Canciller contemplaba con irónica mirada la escena.

—¡Calma, calma, señores!

La voz eternamente fatigada caía sobre la mesa.

—¡El astrólogo —añadió— no está obligado a confesar en qué acabó la cosa!

—La mirada de Julio César —continuó Paulos— estaba cada vez más próxima. Una mano levantaba mi cabello,

y dejaba al descubierto mi cuello y mis orejas. Veía
sus dientes cerca del lóbulo de mi oreja izquierda, y su
aliento venía a quebrarse en mi mentón. No me moví
cuando una mano suya acarició mi espalda. Era como
si yo estuviese desnudo. Mi columna vertebral vibraba
como la cuerda del arco cuando ya ha despedido la
flecha. Los sexos habían dejado de existir, y solamente
reconocía la presión terrible que pueden desencadenar
dos carnes apasionadas. Pero, quizás en el límite mismo
del abandono y el fuego, tuve un instante de lucidez, y
con voz alterada, sí, pero segura, le pregunté: «Pero,
¿no habías perdido el cuerpo en los idus de marzo?».
¡Tuve que sostenerlo antes de que rodase por el suelo, mortalmente herido!

—¡Ya era hora de que terminase la escena, que aunque uno no es rijoso...! —comentaba el cónsul de Vinagres y Especies al oído del de Sanidad.

—¡Mortalmente herido! Me dije, con inmensa tristeza,
mientras su cuerpo parecía dar las últimas boqueadas en
mis rodillas, que acaso mi pudibundez, mi reconocida
castidad, mi masculinidad en fin, habían hecho perder
a mi ciudad el más precioso de sus aliados.

—¡Hay cosas a las que nadie está obligado!

—Bueno, hay los mártires...

—¡Mortalmente herido! Escuchaba gotear la sangre en
las losas de la explanada. Por segunda vez en su vida,
César iba a dar su alma. Abrió los ojos, me miró, compasivo, y dijo, leyéndome el pensamiento, y sabiendo
que mi dolor no era fingido:

»—¡No te preocupes! ¡La sombra de César estará en
defensa de tu ciudad en los verdes prados!

—¿Estuvo?

—¡Estuvo! Asad tuvo que verlo, cuando caía desde lo
alto con su caballo, por un agujero azul abierto en la

220

polvareda, bajar de la colina a hacerse otra vez estatua de mármol checo.

Paulos se retiraba en silencio, envuelto en la negra capa, entre la admiración de los cónsules.

—¡Que conste en acta como misión cumplida con espíritu de sacrificio!

—¿La declaración completa? ¡Menudo regodeo para el escribiente!

Entre todas las sombras de la noche, Paulos se esforzaba por reconocer la de Julio, paseando con los calzones rojos que usaba el César en los cuarteles de invierno.

El inglés de los «puzzles» y rompecabezas, acabada la milanesa y el queso, aclarada la boca con lo que quedaba de cerveza en el bock de peltre, discutía con Paulos dónde podrían poner la sombra de Julio César. Tenía que ser, por las palabras últimas dichas por Julio, en los verdes prados de la colina aquella, pero lo más a la izquierda posible para que, cuando Asad asomase en lo alto de la pista, pudiera verlo, y a su vez ser visto de César.

—¡Estás haciendo la Historia Universal! —le decía Mr. Grig a Paulos.

Éste estaba preocupado, que no había mandado avisos a la ciudad, y la urbe estaría revuelta con los mil rumores. Paulos pensaba dejar suelto el caballo, el cual se marcharía sin vacilar hacia su cuadra.

—¿Qué mensaje meto en la alforja? ¿Se les ocurrirá buscarlo allí?

—¡Ponle una bandera en el arzón, y en ella escribes: «Mírese en la alforja izquierda».

221

—¿Puedo decir que David huyó, que Arturo está viejo y no puede montar, que Julio César muerto fue en los idus de marzo y ya solamente está en estatuas y en pinturas?

—¡Con mi trampa basta para Asad!

—Pero mi ciudad cree en la batalla. ¡Contra Asad, influido por el cometa, es necesario una batalla! Aunque no la haya, pero hay que dar la noticia como si la hubiese habido. Para que tú puedas salir en ella con tu torre hecha con dos puentes, por el trastrueque de las piedras numeradas y las hiladas, tendré que decir que eres un anglosajón que se comprometió a seguir a Arturo porque el rey lo salvó de una serpiente de dos cabezas.

Paulos abría y cerraba los brazos, desesperado.

—¡No sé cómo decirle a mi ciudad que se sosiegue, que se acerca la victoria!

—¡Mándales un rompecabezas! Yo tengo, precisamente, uno aquí, en mi baúl, y se lo mandamos sin lámina, que así les será más difícil componerlo. Se trata de Mr. Pickwick en el pasillo de una posada, en Inglaterra, en el campo, subido a una escalera de mano, intentando ver lo que pasa en una habitación, cuya puerta aparece cerrada, por un tragaluz alto. Y el taco con el tragaluz, tanto puede ponerse aquí o allá, porque las paredes del pasillo están empapeladas con imágenes de carreras de caballos, y el que no esté muy al tanto de las distintas capas, que es en lo que hay que fijarse, puede colocar el tragaluz donde no debe, y montado el rompecabezas, dándole vuelta, aparece la habitación en cuyo interior está una dama vistiéndose, que es lo que quería ver Mr. Pickwick. Equivocado el taco del tragaluz, en vez de salir una señora en paños menores, sale un oficial de Húsares orinando por la ventana.

222

—¡No lo van a interpretar!

Mr. Grig paseó un rato, pensativo. Al fin, dio con la solución.

—¡Se sugiere que, terminada la batalla, el oficial tuvo tiempo de ocuparse en hacer aguas menores, que se las contuvieron los nervios mientras duró el combate! Y ya se comprende que hubo victoria, o lo que es lo mismo, que va a haber victoria, y que al final se verá esta escena, entre otras. ¡El descanso del guerrero!

—¿Y si lo aciertan, el taco del tragaluz, y sale la dama vistiéndose?

—¡Es que se viste para ir a una cena de gala! ¡Mayor señal de fiesta a la vista no hay!

II

Los Malatesta de Rímini salían de sus escondites tras los árboles de los tapices con tema de romería flamenca, y comprobando si las espadas salían fáciles de la vaina apresuraban el paso por el atajo que lleva al puerto de la Selva. La madre salió al balcón, e hizo que derramaba sobre los vástagos un frasco de perfume, traído de Italia, en los días del destierro. Les habían llegado voces a los Malatesta del rey tirano destructor de ciudades con puente, y la suya, aunque perdida lejos para siempre, lo tenía. Iban a encontrar a Paulos, y acordar con él con cuál de los reyes defensores servirían. Paulos los veía envueltos en sus capas rojas, robando caballos en la posta de Aviñón —los caballos de los cardenales, con la cola recortada y silla con respaldo—, y galopando los siete, ¿siete?, durante toda la noche, los siete por senderos diferentes, para que no pudiese ser contado el refuerzo que suponían a las huestes de Arturo, de César, de David, si éste bajaba de su terraza, cansado de verle los pechos a la mujer de Urías, y se decidía a usar la honda. Quizá tuviese razón, Mr. Henry S. Grig, y Paulos estuviese escribiendo la Historia Universal. Eran noches de mucho viento, que sorprendían por lo sereno del cielo sin nubes, que dejaba ver el solemne y cristalino viajar del cometa. Paulos recordaba haber pasado muchas mañanas, a la hora en que salía donna Isotta a sacudir las alfombras, por verle las largas, blanquísimas piernas bajo el miriñaque. Las alfombras se puede decir que ya no existían, que, gastadas y rotas, lo que sacudía donna Isotta eran más bien harapos, y si hacía viento, éste le llevaba alguno de las manos y los colgaba en los faroles de las esquinas. Pasaban años, y ya no había en casa de los Malatesta ni una sola alfombra, y donna Isotta salía igual a sacudirlas, sobre el cubrecorsé una «matinée» de encaje, calada, y siempre con el miriñaque verde, con faisanes bordados y ramos de níspero cargadas de fruto, un miriñaque de España, de vara y media de diámetro, que se balanceaba colgado de la estrecha cintura de la serenísima señora duquesa. Paulos, con un cristal de aumento sujeto en la punta de una caña, veía sobre todo muy bien la pierna izquierda, desnuda, el fino tobillo, la pantorrilla, la rellena rodilla, el redondo y largo muslo de las toscanas, el todo como nieve, y allá en lo alto, y al fondo, algo como lana dorada, el toisón de oro. Se ruborizó Paulos de sus pecaminosos pensamientos y lujuriosos recuerdos, porque comparecían ante él, en un alcor que dominaba la llanura de la batalla, cada uno asomando por una vereda diferente, los siete hijos de donna Isotta Malatesta de Rímini, los siete con el brazo derecho más largo que el izquierdo.

—¡Mamá te manda afectuosos saludos! ¡Como hijo de cazador, puedes alternar con la aristocracia!

Esto dijo el mayor, il duca Pandolfino, dándole la mano a Paulos, quien sonreía pensando que si donna Isotta lo recordaba, es que lo había visto maniobrar en la calle con el cristal de aumento sujeto en la punta de una caña.

—¡No hay mujer que rechace la admiración! —se dijo Paulos.

Los Malatesta de Rímini, rama exiliada, se sentaban al amor del fuego. Mr. Grig sacaba sus reservas de cerveza, y Paulos obsequiaba a los hermanos con las nueces que habían sobrado de la cena de César. Se lo dijo.

—Estas nueces las casqué y limpié para cena del César

Julio, el cual, con la prisa de reconocer el terreno de la batalla y disponer en el campo las legiones, apenas si quiso probarlas. Se marchó en su Primaleón, cantando octavas del Ariosto: «veddi negli occhi miei tende latine», y otras.

—¡Un caso de conciencia, signor Paulos Expectante! Como es notorio, descendemos de Escipión el Africano. Por fidelidad a la estirpe latina, debíamos servir bajo César. Pero, ¿le gustará eso a la sombra invicta de nuestro progenitor? En la duda, optamos por servir bajo Arturo, rey de Bretaña, «perpetuus et futurus», que por hallarse estos últimos tiempos en figura de cuervo, es como salir a la batalla en juego de francotiradores.

—¿Habla? —preguntó el menor de los Malatesta.

—¡Dice «¡cras!» en siete tonos!

Cada hermano Malatesta intentó decir «¡cras!» en un tono diferente y lo lograron. Mr. Grig aplaudió, afirmando que se trataba de una experiencia muy interesante, que recogería el día en que en su oficina de Londres se dedicase a inventar «puzzles» sonoros. Paulos advirtió que no había presentado Mr. Grig a los hermanos Malatesta, y lo hizo ahora, subrayando que se trataba de un guerrero anglosajón, de los primeros que desembarcaron degollando celtas en la Gran Bretaña, y que se había convertido en cliente del rey Arturo, y de paso al celtismo, tanto lingüístico como histórico y religioso, porque el señor de la Tabla Redonda, ayudado por Merlín y Taliesin, lo había salvado de la serpiente de dos cabezas. Y que acudía a la batalla con un ingenio que se llama rompecabezas, en parte por probarlo, y en parte porque estaba viudo de una hermosa doncella de Gales.

—Viudo, lo que se dice viudo, no, corrigió Mr. Grig.

Era un hombre alto y delgado, que vestía a lo Sherlock

Holmes, y se abrigaba con un macferlán a cuadros rojos y verdes. Largos mechones de pelo pajizo le salían de debajo de la gorra visera, y muchas veces sonreía sin motivo, mostrando, como todos los nerviosos, las encías, por lucir dos dientes de ágata muy bien labrados, de ágata marrón y carmesí, de Anatolia. Tenía las manos inquietas, y por mantenerlas entrenadas en las habilidades que su oficio exigía, estaba siempre enhebrando agujas a ciegas, o en una moneda hanseática, un ángelus con bordillo, haciendo rodar una gota de azogue alrededor del perfil del galeón.

—Sucedió que la noche de mis bodas con lady Catalina Percy, que habíamos llegado al casorio por lo aficionada que ella era a los «puzzles», y yo se los hacía difíciles, quise obsequiarla con uno, que consistía en pasar una bolita por un arco, y ya pasada hacerla retroceder, y la bolita cerraba la puerta de doble hoja del arco, y con nuevo impulso subía tres escalones, y si se acertaba con el resorte que había en el tercero, sonaba un timbre, y la bola, en disparo perfecto, entraba en la Torre ante la mirada estupefacta de los «beefeaters». Todo lo monté en un tablero de cuarenta por sesenta, y la Torre estaba embanderada. ¡No me lo imaginaba! Yo estaba en camisón, sentado en el borde de la cama, y Catalina, pese a mi insistencia en que acudiese a cumplir el débito conyugal, me decía que mientras no lograse el salto del escalón que no se quitaba las enaguas. ¡Ah, el poder de la imaginación, amigo Paulos, que bien conozco el de la tuya, pues que me estás imaginando! Catalina Percy, empecinada, impulsaba la bolita con el arte de su mano, pero también con el ansia del alma por acertarla, ansia que pasaba a la bolita, de tal forma que ella llegaba a ser parte de la bolita, o la bolita misma. Se entregó tan apasionadamente en un lance, fue en él tan en uno con la bolita, se inclinó tan propicia sobre el tablero, impulsó con tanta voluntad la bola, que golpeando el resorte, sonando el timbre, Catalina y la bolita a un tiempo entraron por la puerta de la Torre de Londres, la del puente levadizo junto a la pared donde está la placa de los cuervos. Los «beefeaters» cerraron la puerta. ¡Cuánto no llamé por Catalina, que encerrada en una celda no me oía, y si me respondía yo no la oía a ella! Lo primero que hice fue escribir una carta al lord canciller. Se hicieron averiguaciones en la Torre, y efectivamente, en una celda del sótano estaba prisionera lady Catalina Percy. Y como nadie sabía cómo había entrado allí, ni el porqué, nadie la podía dejar salir. ¡Que se licenciase de prisionera de la Torre por sus propios medios! Hace de esto doce años, y ahora tengo ya a punto un juego, que comienza en un hilo que le mandaré en un bocadillo de queso a Catalina, y dicho hilo hay que pasarlo por un espejo, y agarrándose a él Catalina se mete en el espejo, que es un juego también con resorte, en el que al final aparece un ratón comiendo el queso del susodicho bocadillo. Llega la camarera a barrer, o a vaciar la palangana, y se asusta al ver al ratón, el cual huye en el espejo, es decir, con el espejo que guarda a mi Catalina, y me la trae.

—¿No habrá mayores complicaciones? —preguntaba Paulos.

—¡La única posible es que al romper el espejo para liberar a la Catalina, ésta haya cristalizado y rompa también! ¡Sería una pérdida, porque en lo pequeña que es, lo tiene todo!

Los Malatesta se durmieron, y Paulos quedó en despertarlos cuando por la mañana volase en la Garganta el rey Arturo, en figura de cuervo. Los Malatesta, unánimes, soñaron con lady Catalina Percy, con la que se escondían en el espejo, comiendo, en sus hambres atrasadas, el queso del bocadillo, dejando solamente unas migajas para el ratón. Lady Catalina dejaba caer las enaguas, y a los Malatesta de Rímini se les erizaba el pelo de las redondas barbas.

Era el séptimo día. Paulos desplegaba ante su vista la llanura de la batalla. Tenía que recordarla en su integridad, como si la viese desde el cometa mismo influyente. Le preguntarían por el rostro grave del rey Arturo, por la mocedad impaciente de David, por la serenidad imaginativa de César. Sería conveniente que se acercase a donde el rey Asad yacía, muerto. El cadáver, destrozado al caer en unas rocas, lo devoraban los buitres. Fue el propio Paulos quien sugirió que los tambores de las armadas los asustasen, y cubriesen su cuerpo con una lona, hasta que llegase la reina Zenobia a reconocerlo. Hacía memoria ahora Paulos de que nunca le había dicho a su ciudad el nombre del rey enemigo, Asad Tirónida. Lo encontraba pequeño y barrigudo, con la nariz aplastada por la práctica del boxeo, que allá es moda, en su reino. Lo único que tenía de particular aquel cadáver era que en el brazo derecho, en el codo, tenía una segunda mano, una mano infantil. Pero Paulos tenía que dar otras señas de Asad, tenía que hacerlo alto, ancho de hombros, la nariz aguileña de los «condottiere», las piernas enarcadas por el ejercicio de la caballería desde la niñez, y bajo la frente, abultadas y pilosas cejas; pilosas tanto, que cuando Asad salía de caza se afeitaba la derecha, que semejante a zarza le quitaba media visión y le perjudicaba la puntería. Los ojos negros, la boca sensual, la dentadura luparia, prontas la ira

229

y la risa displicente en el consejo y teatral en las horas de embriaguez, se presentaba como un enemigo temible. Su caballo negro estaba recubierto con plaquillas de azabache, que es minero recio.

—¿No le tuviste miedo? —le preguntaba María, sentada a sus pies, curándole con agua desinfectante, y pintándole luego en ellos un pájaro con las alas abiertas en el vuelo, con tintura de yodo sobre unos arañazos en la rodilla izquierda.

—Fue, María querida, que vino una flecha de través, y yo la golpeé con mi espada cuando venía camino de mi corazón, y la hice caer al suelo, pero no pude evitar que el alambre espinoso que sujetaba a popa las plumas me rozase la rodilla izquierda.

María le hacía beber la leche recién ordeñada, como todas las tardes, y se iba de puntillas cuando Paulos, fatigado de las largas jornadas militares, se quedaba dormido en su sillón favorito. En el cráneo de «Mistral», María había colocado unas camelias rojas.

III

Paulos no quería retirarse del campo de batalla sin despedirse del César Julio, y se preguntaba por dónde andaría. Quizá Marco Antonio y Octavio hubiesen subido desde Roma a recogerlo para enterrarlo definitivamente. Paulos pensaba que su ciudad debería contribuir a los gastos del sepulcro, de mármol con láminas de bronce con las batallas de Alesia y de Munda de la Bética. ¡A lo mejor César había ido a dar, antes de que le echasen tierra, un vistazo a los olivos andaluces! Paulos, fatigado, hambriento, ya no encontraba en sí fáciles las jugosas invenciones, y apenas si sabía comenzar las historias, de cuya maraña no salía. Se le ocurría ahora que lo mejor sería mandar un parte por la posta, diciendo que Asad Tirónida estaba muerto, que la ciudad ya no pasaría más apuros, y que era la ocasión de repasar el puente, quitando la hiedra de los tajamares. Y que ya diera él las gracias a Arturo, a David y a César, los cuales no querían que se divulgase la nueva de su intervención, que no los dejarían tranquilos las grandes potencias, buscando su alianza, o convocándolos para las conferencias mundiales. Tenía deseos de ver a María, de tomarla de las manos, de escuchar reír. Le apetecía la leche tibia de las tardes. Recordó el aroma del pan recién salido del horno, y también que al subir al segundo piso izquierda en Camelot, le había llegado el de unas hogazas calientes. ¡A lo mejor amasaba dama Ginebra, con las mangas de la blusa remangadas! Le venían al magín a Paulos imágenes de la vida real, que borraban las posibles fantásticas. Paulos, silencioso, en la noche lluviosa, llegaría a su casa. Llamaría por Claudina, pero aparecerían las dos, tía y sobrina, medio dormidas aún, restregándose los ojos, sujetándose las faldas, encendiendo luces, preguntando si el señorito había cenado, calentando el caldo de repollo que había sobrado del almuerzo, batiendo huevos para una tortilla, poniendo en la mesa la rueda del dulce de membrillo, medio pan, la jarra verde con el vino nuevo, que ya iban tres días después de San Martín. Permanecería Paulos en la casa, sin decir a nadie que había regresado, sin ir a cobrar el mes de astrólogo ni las dietas de campo. Al caer la tarde llegaría María, y hablarían de la boda, para cuando pasase el tiempo de adviento. Aunque quería evitarlo, se le metían entre las figuras cotidianas las antiguas y lejanas, o simplemente de ficción, y si pensaba invitar al signor Calamatti a su boda, se preguntaba por qué no también al hondero David con Micol, o a Mr. Grig, que ya habría sacado de la prisión de la Torre de Londres a lady Catalina Percy. Y amando a María, no por eso descuidaba de inventar unas miradas furtivas a Micol, correspondidas por los ojos negros, o a lady Catalina, correspondidas por los ojos verdes.

Se sentó a orillas del camino, en un banco de piedra que hay junto a la que llaman fuente del Segador, envuelto en su capa; el caballo ya lo había devuelto al bodeguero, y no más soltarlo en la Garganta salió, como era de esperar, con su trote corto, tosiendo, pero alegre, camino de casa. Paulos llevaba los pantalones rojos, que se había puesto para imitar a César paseando en los cuarteles de invierno, que muchas veces el joven astrólogo no podía imaginar si no tenía prendas de presente que le fijasen los linderos del despliegue de la fantasía. A veces tenía a mano una copa, o una cometa de papel, unos estribos, un papel, un sobre muy sellado y lacrado, que contenía una carta tan secreta, que el papel en que venían las noticias estaba en blanco. Un zapato de mujer, unas tijeras, un puñal, el anteojo de larga vista ...Cosas que, yendo contándose a sí mismo los mayores sucesos de su tiempo, y aun de los antiguos y de los futuros días, le servían para probar que lo que se contaba era verdad, y las gentes tenían existencia real.

—Este zapato de mujer lo perdió dama Isolda, corriendo por el jardín a esconderse en la rosaleda, cuando le llegó la noticia de que don Tristán iba a dar un concierto de arpa para que prendiese un rosal que había traído de Francia, y que lo injertaran el día anterior, y se llamaban aquellas rosas rojas «Comtesse du Châtelet». Tanto se escondió doña Isolda, que el perro que encontró el zapato, no hallando a la dueña, me lo trajo a mí, porque le habían llegado noticias, por otros perros, de que yo viajaba mucho...

Y mostraba el zapato de Isolda a María, y si Claudina y Melusina lo encontraban solo en el salón, acariciando la punta del zapato, les contaba la fábula a ellas, que se maravillaban de aquel pequeño zapato de una reina, un zapato como de muñeca, y les hacía creer que brillaba en la oscuridad si lo calzaba la que fuera su dueña, para que pudiera reconocerla su amante entre mil damas encapuchadas, esparcidas por una tormenta por las costas de Cornualles o de Normandía.

Otras veces, lo que se contaba no eran historias tan poéticas, sino sucesos políticos, la caída de Constantinopla, y crímenes, que le salían muy bien los dramas con venenos y de celos.

—¡Lo sabes todo desde Adán y Eva! —le decía María entusiasmada, cuando Paulos le acababa de contar la tragedia de Otelo.

—¡María, que te acabo de contar la muerte de la hermosa Desdémona!

233

Y María olvidaba su entusiasmo, dejaba de aplaudir, y se arrodillaba a rezar un padrenuestro por el alma de la señora Desdémona. Paulos se levantaba, abría el armario, y le mostraba a su novia el pañuelo rojo.

—¡He podido rescatarlo!

Y lo mismo ante los cónsules, echando en la mesa el cangrejillo para probar que el río había vuelto a la fuente maternal.

—¿Su señoría es el astrólogo Paulos, que vio el unicornio?

El pastor estaba ante él, con el gorro de piel de cabra en la mano, ofreciéndole de su rebanada de pan moreno y de su queso curado. Era un hombre de mediana edad, que se dejaba la barba probablemente para taparse aquella gran cicatriz que le bajaba del mentón al cuello, lo que no lograba. Tenía una nubecilla en el ojo izquierdo.

—¡El mismo!

El pastor le prestaba su vaso de cuerno, para que Paulos pudiera beber de la boca alta de la fuente, que estaba sin caño.

—Son dos manantiales diferentes, y el de arriba es más fresco y sabroso.

Se sentó, medio arrodillado, al lado de Paulos.

—¡Me alegré cuando me dijeron que su señoría había visto el ciervo del único cuerno! ¡Mi padre lo vio también, hace más de cincuenta años, y lo contó, y fue tenido toda la vida por embustero! Ahora, así que haya metido el rebaño en los pastos de invierno, he de ir a la ciudad a que me despachen un certificado diciendo que mediado el otoño se ha visto el unicornio por este paraje, y le pondré en un marco con cristal en la tumba de mi padre en el cementerio de la Selva, como prueba de que no mintió.

—¡Un buen hijo! —comentó Paulos.

—¡Un hijo respetuoso! —subrayó el pastor.

Y se fue dejándole a Paulos la rebanada de pan moreno, el codo de queso curado y el vaso de cuerno.

El haber estado sentado al sol en la fuente le había quitado el frío, y reemprendió camino hacia la ciudad, comiendo el pan y el queso, soplando en el vaso de cuerno, que respondía, cuando acertó Paulos con la cantidad de aire y el lugar socavado del borde, como bocina. ¡Por lo menos la fábula del unicornio había servido para devolverle la honra a un pastor! Se lo decía a sí mismo, poniéndole el adjetivo para magnificarlo: «¡A un pastor antiguo!». Que esos adjetivos eran el complemento retórico de las fabulaciones, la gracia de la narración ante un público absorto.

Se olvidaba de todo lo acontecido, soñado e imaginado, alrededor de la batalla y del cometa influyente, menos de la sombra de Julio César, que pretendía reconocerla en todas las sombras, en la que daba un alto monte sobre el valle, o en la de un roble aislado al borde del camino, pero no conseguía entablar nuevo diálogo con el César, y así no lo encontraba en las calzadas ni en los senderos.

—¡César, soy Antonio! —gritó en el último paso entre montañas, antes de entrar en el valle nativo, donde sabía que había un amplio eco.

El nombre de Antonio fue repetido con voz que semejaba el trueno, y se alarmaron los milanos que se soleaban en las rocas.

Acabada la experiencia, por nada acuciado, Paulos encontraba la soledad, y se entristecía en el regreso al hogar, en vez de alegrarse. Se detuvo de nuevo, ahora junto a una higuera, por ver ponerse el sol y volar las hojas coloreadas de los viñedos, que se había levantado sur. Un zorro que salía del tobo se volvió a adentrar en lo oscuro, sorprendido del rojo vivo de los calzones de Paulos, sentado a una vara de distancia. Paulos se imaginaba ahora la ciudad desierta, aterradas las gentes por las noticias de la bajada iracunda de Asad Tirónida II. Los únicos que permanecían en las murallas, en el salido de la Batería, eran los Malatesta, con su largo brazo. En la plaza, junto a la fuente, estaba el cadáver de María. Había sido sorprendida con un brazado de camelias en los brazos, que habían caído en el pilón, y de vez en cuando el agua arrimaba una de las camelias al borde, y la echaba fuera, de modo que con un puñado de agua venía a dar en el rostro de la niña. Y Paulos no lloraba, no podía ni sabía llorar. Sin darse cuenta, pasaba a imaginarse una vida nueva, sin María, sin ciudad, lejos de todo recuerdo, lejos de todo deseo, apático, estudiando la ciencia que enseña a no soñar, que tiene que haberla, que acaso la conociese aquel Avicena, que ahora Paulos no sabía muy bien si eran uno mismo el gran médico persa o el paje de pomadas contra las almorranas del rey Arturo de Bretaña.

Y todo lo que se le acordó a Paulos en aquel momento de destrucción fue la bolsa de cuero de venado con su dinero, con el dinero de la venta de las acciones de la Compañía de Indias, que era como vender veleros de tres palos; con el dinero heredado de su padre y de su tío Fagildo, con las monedas ahorradas de su sueldo de astrólogo y de la venta de los conejos criados en casa por Claudina, y de las castañas y manzanas. ¡No darían los bárbaros invasores levantinos con su calcetín! Se lo dijo a sí mismo, se vio llegando a casa, buscando debajo del colchón, encontrando la bolsa, poniéndose a contar las monedas. Se había vuelto, en un repente, avaro, y quería esconder las monedas en los ojos, en las orejas, en la boca, en las horas del reloj, en el espejo. Se decidió, y echó a correr hacia el río, a saltar la paredilla de aquel huerto, por ver si llegaba a tiempo de alcanzar la barca de las seis, si es que con la invasión todavía seguían los horarios fijos. ¡Sí, pasaría la noche contando los cuartos, acariciándolos, disfrazándose para pasar desapercibido!

Inició la carrera, eso sí, pero a los tres pasos justos ya estaba muerto. No llegó a apoyar la mano en aquella piedra verde de la paredilla que había contemplado un instante antes de la arrancada. Estaba muerto. Una de las razones de su muerte fueron los pantalones rojos que Julio César usaba en sus cuarteles de invierno. ¡Pantalones de extranjero! Otra de las razones, y quizá la principal y primera, fue que había dejado de soñar. Que ya no soñaba, y entonces ya no era Paulos capaz de volar en el espacio en busca de tiempos y rostros idos o futuros, Paulos el soñador, sino un joven rico y ocioso, como cualquier otro, en una ciudad provinciana.

Con una sombra de tristeza en sus rostros lo contemplaban los tres reyes, David, Arturo y Julio César que, de pie junto a la higuera aparecían sorprendentemente jóvenes. Desde la ciudad venía volando una paloma mensajera, por ver si había llegado hasta el lugar de la muerte el lamento desesperado de María. Al pasar sobre las terrazas, había degollado los lirios tardíos y deshojado las rosas de otoño.

Índice

Este libro se acabó de imprimir
en Limpergraf, S. A.; Ripollet del Vallès (Barcelona)
en el mes de enero de 1990